禅の発想

大森曹玄

大法輪閣

目次

III　三法印の世界——即の論理

附録

イラスト……山本太郎

I　坐禅のこころ——身・息・心の調和

1——禅に期待されるもの

欧米人の見た禅

アメリカ・フィラデルフィア大学の哲学者、バーナード・フィリップス教授の『普遍的宗教としての禅』によりますと、「少なくとも四百年間、西洋の人間は精神的飢渇に苦しんできたが、それが西洋文化に固有の宗教的資源をもってしては癒《いや》される望みが薄れるとともに、その飢渇《きかつ》はいよいよ烈しくなった」と、あります。

こうした西洋の人々の四百年来の精神的飢渇に対し、「禅が解決の可能性を提供すると思われる」ので、彼らは鈴木大拙博士の英文の禅の書に飛びついた、といっております。

今後の禅のあり方について考える人々は、こういう西欧人の指摘を充分に検討する必要があるのではないでしょうか。

つまり、これまで禅は生・老・病・死という、個人的苦悩からの解放をはかる、生死解《げ》脱《だつ》の道として行じられてきましたが、いまやそれだけでは解決できない、社会苦からの解脱を禅に求める人々があるという点です。

フィリップス教授は、西洋の人々の精神的飢渇は、「近代的学問ならびに生活が、西洋の伝統的宗教に及ぼした浸蝕的影響のため」だと書いていますが、それは端的《たんてき》にいって、個人苦というよりは、むしろ文明史的な課題というべきではないかとおもいます。

フィリップス教授の発言だけを取り上げて、それを西洋の人々全般の考えだと拡大解釈をするのは、もちろん早計にすぎますが、しかし、たとえ量的には少ないとしても、禅を求める欧米の人々の気持ちを代弁するものであるとみても、よいのではないかとおもいます。

動物行動学者として聞こえたK・ローレンツ教授も『文明化した人間の八つの大罪』の中で、1・人口過剰、2・生活空間の荒廃、3・過当競争、4・感性・情熱の萎縮、5・遺伝的な衰弱、6・伝統の崩壊、7・教化され易さ、8・核兵器の危機などを数え上げて、近代文明の末期的症状を憂えていますが、〝普遍的宗教〟としての禅は、こういう点にも原理的に答える責任がありはしないでしょうか。

フィリップス教授は、「人類が従来の割拠状態から《一つの世界》の状態へと、すみやかに進行しつつあるとき、人類の宗教もまた地方性を脱却して、《一つの世界》の宗教にならねばならない。禅以外には真の世界的宗教はないのである。もっとも、他の多くの宗教も、世界的宗教たることを主張したにはちがいないが、他の宗教はどれも時と場所と地方性を帯びている」「彼らは皆ある形式またはある信条を絶対化せんと試みる過ちを犯した」といっています。そして、こう続けます。

「現代人の眼は無限をながめ、さえぎるものなく常に拡大しつつある宇宙をながめているのであるから、現代人の必要とする宗教もまた彼らの宇宙のごとく、その中心を至るところに有し、その周辺とてはどこにも無いものでなくてはならない」。

そういう実在観こそ、釈尊が三十五歳の十二月八日の払暁、東の空に輝く明星を見て悟られた自覚内容なのです。ローレンツ教授のいう「八つの大罪」も、この釈尊の悟りと、それに基づく全身全霊的な生活によってのみ、解釈されるものだとおもいますが、いかがでしょうか。

ある英人の日本文化論

十年前のことですが、ある日突然、背の高い一外人の来訪を受けました。その人はロンドンのＢＢＣ（イギリス放送協会）の元日本語部長、トレバー・レゲット氏でした。日本語の非常に上手な人で、別れ際に私が名前のスペリングを聞くと、〝麗月塔〟と漢字で書いて、「この方が覚えいいでしょう」と笑っていました。

その後、日本に来るたびに訪ねてくれるので、次第に親しくなりましたが、あるとき、私の剣道の型を撮影に来られ、イギリス・フランス・ドイツの三ヵ国で放映されました。

この人は戦前は外交官として日本に駐在した人で、柔道は六段、イギリスきっての日本の理解者だといわれます。そのレゲット氏が、永年日本向けに放送した原稿をもとにして、得意の日本語で書いた本があります。題して『紳士道と武士道――日英比較文化論』といいます。その本に、私ども禅者として、注目しなければならない文章があります。

それは同書の第三部「日本人のものの見かた――私のニッポン文化論」五節〈禅の真髄〉中の一節です。

彼は「ここでは、私は禅そのものについてはふれることなく、禅の西ヨーロッパ〈特にイギリス）への渡来についてのみ述べることにしたい」と前おきをしてから、こういっています。

いまや、「たいていの人が禅という単語を聞いたことがあるし、日ましによくつかわれるようになっている。これは、すべて鈴木大拙博士ただ一人の功績といってよい」と、ひとしきり大拙博士の功績を賞讃したあとで、「禅を西ヨーロッパに登場させるこころみは、一九〇六年、当時の円覚寺管長釈宗演禅師の説教を、弟子の鈴木大拙博士が英訳出版したのが最初である」と述べ、「さて、次に、最初の時点で禅の紹介に影響を与え、ある意味ではそれを妨害したともいえる若干の点を指摘しよう」と、そこで彼のいわゆる〝坐禅のない禅紹介〟なるものを批判しております。

レゲット氏によれば、その紹介の仕方は、「ディヤーナ（禅那）はわれわれを最終的にサマディー（三昧）に到らせる方法または過程である。さて、ディヤーナの修行により生ずる利点は……」というような説明でおわっており、肝腎の〝その過程とは何か〟の説明がないというのです。そのために「読者には、過程とは何かの疑問が残る」し、「これでは禅が坐禅によって習得され、あるいは、息の数え方が非常に重要であるといったことが、全然知られずにすんでしまうことになる」というのです。もっともだとおもいます。

それは著者が正しい禅の坐法をしることは、「西洋人の読者には不適当と考えた」ためかもしれないが、「このために、日本の禅の実態を知ろうとする西洋人は大いに困った。多数の、特にアメリカ人は、禅には修行というものはまったくないのだと思いさえした」とレゲット氏はいいます。

抽象的理論より方法を

また彼は、「有名な禅知識、忽滑谷《ぬかりや》快天教授の『さむらいの宗教』がある。この本は一九一三年に出版されたもので、忽滑谷教授はそのなかで、坐禅法にごく簡単にふれているが、これでは師の属する曹洞宗において、坐禅が修行の主要な一部をなしているとは想像しがたい」ともいっています。

そして彼は、この忽滑谷師の著書を含めて、「多くの日本人は、ある種の伝統的な日本人の考え方を、同時代の西洋の著名な思想家の考え方と比較することによって、受け容れやすくすることができると考えた。しかし、実際には、この例はあてはまらなかった」といい、「われわれが日本に期待するものは、かつて西洋において発達したことのない何か新しいものなのである」といっております。

これに比較するとき、「十九世紀の終りから二十世紀の初めにかけて、インドのヨガの教えをひろめたヴィヴェカーナンダが、黙想と呼吸の方法をためらいなくとりあげているのは興味深い」とレゲット氏はいいます。それはヴィヴェカーナンダ師が、ヨガの抽象的理論を述べずに、「全巻を黙想と呼吸の叙述に捧げている」からです。「徹頭徹尾ヨガの実修法を具体的に説き、全巻をこの叙述に捧げている」点です。「それらの方法に全幅の信頼をおく弟子たちが多数あとに続いた」のは、そのためだというのです。「結局多くの西洋人の興味をひくことに成功し、さらにその西洋人たちが普及活動に参加し、今や世界いたるところに大きなセンターができている」のは、そこに具体的な修行法が明らかにされていたからだ、というのです。

レゲット氏は、このへんに日本人と西洋人との「ものの見方」の相違があるといいたいのでしょう。

禅の方は、坐禅の仕方を具体的に説かず、もっぱらその原理だけを説明しているので、

「禅のセンターは非常に数が少ない」、というのです。

「そればかりか、その先導（筆者注・鈴木大拙博士）に続くことのできるものさえなかった。ゆえに、種子は播かれたが、土地の手入れをする菜園家は稀れである。その結果、たくさんの外国人たちは、それぞれ大拙氏の著書を読んで、独自の禅をつくりあげた。あるものは日本の禅からははるかに隔たっている。純粋の禅とともに、庭園には無数の雑草が生い茂っている」と、指摘しています。

〝純粋の禅〟というのは、日本から師家《しけ》方が出張して、直接指導に当っているグループであり、〝雑草的な禅〟とは、「大拙氏の著書を読んで、独自の禅をつくりあげた」ヒッピー者流のそれを指すものでしょうか。

外国の文化と交流を図る場合には、日本が欧米のそれを学ぶにせよ、欧米が日本のものを吸収するにせよ、このような行き違いは往々にしてあるものでしょう。

いずれにせよ、日本をよく知り、そして日本を愛する一欧州人が、このような見方をしていることを、私どもは参考にする必要があるとおもいます。

禅修行の新しい目標

以上に挙げた三人の欧米の識者の指摘を総合して、私はこのように考えるのです。昔からいわれた生・老・病・死の四苦のうち、生の問題は主として政治の分野で解決すべきだし、老の問題は社会福祉の分野で、そして病は医学の世界でと、いまやそれぞれ分化しました。宗教で解決すべきものは死の問題だけです。その代り、文明史的課題が大きな仕事として背負わされてきた、といえます。

禅修行の目標として、このような文明史的なものを掲げては、あまりに誇大にすぎるでしょうか。かつて釈尊が「一切衆生《いっさいしゅじょう》に仏性《ぶっしょう》あり」と、自らの覚《さとり》の内容を端的に表明されたとき、それは直接間接に、カースト社会に対する文明批判になったではありませんか。それをおもえば、禅修行者としての今日的な目標として、文明史的課題を取り上げても、必ずしも妥当を欠くともいえないのではないでしょうか。

むかしから伝えられる『坐禅儀《ざぜんぎ》』は、もと百丈《ひゃくじょう》禅師の編纂された『百丈清規《しんぎ》』の中に含まれていたといわれていますが、原本は散佚《さんいつ》し、現在は元代に再編成されたものが伝わっています。

禅門は坐禅をもって、宗旨の根底としていますから、その坐禅の方法および目的を明示している『坐禅儀』は、短文ではあっても、きわめて大切なものです。そこでは「夫《そ》れ学《がく》般若《はんにゃ》の菩薩《ぼさつ》は、先《ま》ずまさに大悲心を起し、弘誓《ぐぜい》の願《がん》を発し、精《たけ》く三昧《さんまい》を修し、誓って衆《しゅ》生《じょう》を度《ど》し、一身のために独《ひと》り解脱《げだつ》を求めざるべきのみ」と、劈頭《へきとう》に禅修行の大目標を掲げています。（全文は巻末・「付」参照）

これを現代文に直しますと、仏と同じような智慧を磨き出し、その真理を体得しようと禅修行を心がける大丈夫は、まず、生きとし生けるもののすべてを苦しみから解放しようとする大慈悲の心を振い起こし、そのためには数限りない教えを学びつくし、またこの上ない仏道を必ず成就しようという大願心をもって三昧《さんまい》を修すべきで、自分ひとり悟ればそれでよい、というような独善的態度であってはいけない、という意味になります。

まことにその通りであるし、事実むかしの禅者は、そのような初発心《しょほっしん》をもっていたことは疑いないとおもいます。けれどもまたその反面、私どもの周囲の現実としては、必ずしもそのような、禅の精神を知りつくしてから修行をする人ばかりとは限りません。

一例を挙げますと、私のところに坐禅をしたいといって訪ねてくる人、あるいは坐禅をするにはどうしたらよいかと、質問の手紙をよこす人の中には、故佐藤幸治博士の『禅のすすめ』を読んだという方が非常に多いのです。その本の目次を見ると、まず禅の目標として、「広く大きな四つの目標」、つまり、四弘《しぐ》の誓願《せいがん》が掲げられております。そして同時に、「からだを整え、頭の働きをよくする」とか「一ヵ月で顔が変ってくる」など、現代青年の飛びつきそうな項目があります。また「健康法としての禅」という章があって、そこには「笑いをとりもどし難病は退散」、「それでわたしのからだも救われた」その他、健康の回復を願う人々に魅力のある項目がずらりと並んでいます。もし坐禅を実行することによって、その通りの効果があげられるものならば、それも衆生済度の一法として否定すべきではない、大いに結構だとおもいます。

私はそういう人々に対し、「私にはその自信はありませんが……」と申しますが、それでもよいといって、坐禅をしにくる人は拒絶いたしません。そういう人たちでも、指導よろしきを得れば、方向を誤らず、だんだんと境地が進むにつれて「正しい願心《がんしん》」ももてるようになるだろうし、さらに真正《しんしょう》の見解《けんげ》も開け、真実の自己を知ることも可能だとおもいます。そのように指導がするのが、師たるものの責任であり、実力でもあると信じております。

2――坐禅の意義

「坐」と「禅」

それでは、ここで、真の坐禅とはどういうものか、を考えてみましょう。

「坐」は、漢語で坐ることです。〝すわる〟とは、落ちついて動じないとか、静止する、定着するなどの意味だと辞典にあります。要するに、動かないように安定させることだとおもいます。

身体を落ちついて動じない形に安定させ、心を一ヵ処に集中し安定させる。その身と心とを融合統一し、身心を一如《いちにょ》に安定させるのが呼吸です。そこで身・息・心の統一調和をはかるのが「坐」だ、ということになるわけです。

次に「禅」ですが、これは〝禅那《ぜんな》〟といい、サンスクリット語のDhyānaとか、パーリ語のJhānaの音写で、静慮《じょうりょ》と漢訳されます。ただ静慮という訳は、適訳でないのであまり用いられず、禅で通っています。そして禅那とは、心統一の因だといわれますから、坐ることによって身・息・心を統一し、または統一しつつある状態が坐禅だということになります。

その結果、完全に身・息・心が統一され、安定した状態を「定《じょう》」といいます。定はサンスクリット語でSamādhiといい、〝三昧《さんまい》〟の文字をあてます。天台ではこれを止《し》(Ŝamatha)と申します。止とは〝相待〟としては息《やむ》、停《とどまる》の意味があり、〝絶待〟としては、「諸《もろもろ》の思義《しぎ》を絶し、諸の煩悩《ぼんのう》、諸の業《ごう》、諸の果を絶し、諸の教、諸の観、諸の証等を絶す」と天台智顗《ちぎ》の『摩訶止観《まかしかん》』にありますが、要は『小止観《しょうしかん》』にいうように、「止によって禅定《ぜんじょう》の力を発」するものと考えてよいでしょう。

「定」は、ただ消極的に、あるいは単なる受動的な熟睡したのと同じような状態、つまり何もない恍惚境とはちがいます。そこには、生き生きとした、動き出すものがなければなりません。三昧の世界、定の光明から、再びこの世の正しい姿を映し出す働きが出てきます。いいかえれば、定以前の常識的な見方を越えて、〝覚《かく》〟の立場から世界を再認識するものといってもよいでしょう。その照らし観《み》る働きを「慧《え》」と申します。天台では「観《かん》」といいます。『小止観』に「観はよく悟りを生ず」といい、また「観によりて智慧をひらく」ともいっております。

禅では〝定慧円明《じょうええんみょう》〟といって、定は必ず慧を発し、慧は必ず定に基礎づけられ、打って一丸となり、円《まど》に融け合った明らかなものでなければなりません。六祖慧能《ろくそえのう》禅師が、「智慧を以て観照し、一切の法において不取不捨《ふしゅふしゃ》、即ちこれ見性成仏《けんしょうじょうぶつ》の道なり」といわれたものがそれです。

観れば我にある菩薩なり

至道無難《しどうむなん》禅師の『即心記』に、『般若心経』の註が出ております。その劈頭《へきとう》に「観自在菩薩」の註がありますが、無難禅師はこれを「観《み》れば我にある菩薩なり」と読んでおります。これは誠に奇抜な訓《よ》みですが、さすがは無難禅師、まさにそのものずばりです。

禅の目標は、実にこの「我にあるぼさつ」を「観」るところにあるといってよいとおもいます。それを見性《けんしょう》といっておりますが、見性して観自在の自由自在、思いのままの日常行為をするところにこそ、禅はあるのです。そのために行住坐臥《ぎょうじゅうざが》において、「衆生無辺《しゅじょうむへん》誓願度《せいがんど》　煩悩無尽誓願断《ぼんのうむじんせいがんだん》　法門無量誓願学《ほうもんむりょうせいがんがく》　仏道無上誓願成《ぶつどうむじょうせいがんじょう》」と、四弘《しぐ》の願輪《がんりん》に鞭うっていくものだとおもいます。

それならば、健康になりたいとか、精神的な悩みを解消したいといって門を叩くものに対して、禅は門を閉ざすのかといえば、けっしてそうではありません。

「大道無門《だいどうむもん》　千差路《せんしゃみち》あり」です。有限的な概念をもちませんから、科学とも、どんな宗教とも、もちろん一般常識とも、何ものとも衝突するものではありません。一切から超越しておりますから、東西南北どこからでも、自由にお入り下さい。禅は、仏祖の開いておかれた広大の慈門ですから、健康門から入ろうと、煩悶門《はんもん》から入ろうと勝手です。何ものでもついに発菩提《ほつぼだい》せしめずにおかないでしょう。

そうなると、いったい禅修行の目標はあるのか、ないのか。あるといえばあるし、ないといえばないようにもなりそうです。いいえ、そうではありません。

どの門から入っても自由ですが、ただ、自分が禅によって救われたら、その福音を他にも頒《わか》とう、地上の人々みんながよくなるようにと、それだけはお考え下さい。けっして

「自未得度先度他《じみとくどせんどた》」（自分が救われずともまず他人を救わんとの願い）とまでは、望みませんが。

坐る前の準備

坐禅は何を目標にするのかは、不充分ながら、以上でだいたい分っていただいたとして、さて、では坐るのにはどうすればよいのでしょうか。

『坐禅儀』によると、前に引用した「学般若の菩薩は、まさに大悲心を起こし」と、大目標を提示したあとで、次のように述べています。

「乃《すなわ》ち諸縁《しょえん》を放捨《ほうしゃ》し、万事を休息《くそく》し、身心《しんじん》一如にして動静《どうじょう》間《へだて》なく、その飲食《おんじき》を量《はか》って多からず少からず、その睡眠を調《ととの》えて節《せつ》ならず恣《し》ならず」。

「諸縁を放捨し、万事を休息し」とは、『冠註一鹹味《かんちゅういちかんみ》』の註によれば、『伝灯録』にある百丈禅師の言葉だそうですが、達磨大師《だるまたいし》も「外《ほか》諸縁を息《や》め、内心喘《あえ》ぐことなし」といわれているように、いよいよ坐禅をしようとする者の、心的準備を注意したものとおもえばいいでしょう。

〝諸縁〟の縁は、辞書に「原因をたすけて結果を生じさせる作用」とありますから、私どもの五官にふれて想念を起こさせるような、外界とのかかわりあいのことだとおもいます。それを〝放捨〟せよというのですから、すべてを絶ち切ってしまえということでしょう。耳に入ってくる騒音、皮膚に感じる寒暑、鼻にふれる匂い、それらはみな〝諸縁〟ですが、それを放捨せよというのは、そういう外界の影響から離脱し、頭をカラッポにしてかかれというのでしょう。神道の言葉に「日に諸《もろ》々の不浄を見て心に諸々の不浄を見ず、耳に諸々の不浄を聞いて心に諸々の不浄を聞かず」とありますが、そのようなのが〝諸縁を放捨〟した状態でしょう。

次に「万事を休息し」とありますが、〝休〟も〝息〟も、どちらもやめるとかやすむという意味の文字ですから、一切の事柄との関わりを止めることになりましょう。

〝諸縁を放捨〟するのが外境の遮断だとすれば、「万事を休息し」は、内部感覚の休止ということだとおもいます。そのようにして初めて、達磨大師のいわれたように、「心、墻壁《しょうへき》の如く」で、心をきり立った城壁のようにして、何ものをも寄せつけない状態になることができるでしょう。

もし、そうだとすればこの二句は、坐禅に入る心的準備というよりは、むしろ坐禅そのものだといったほうがよいことになります。「身心一如にして、動静間《へだ》てなく」とは、形相をもった身体と、無形の心とが不二一体のものとして融合し、しかもあたかもコマがもっとも高速度で回転しているとき、かえって静止して見える、あるいはプロペラの回転しているとき、プロペラは無いように見えますが、そのようにあれということでしょう。

食事と睡眠の注意

次に「その飲食《おんじき》を量《はか》って多からず少からず、その睡眠を調《ととの》えて節《せつ》ならず恣《し》ならず」とあります。これは『摩訶止観《まかしかん》』第六章「方便章《ほうべん》」第四目の〈調五事〉という項目に詳しく述べられています。

『摩訶止観』には事前の方便の第一目として、「具五縁」があり、そこに、(一) 持戒《じかい》清浄《しょうじょう》、(二) 衣食《えじき》具足、(三) 閑居《げんご》静処《じょうしょ》、(四) 息諸縁務《そくしょえんむ》、(五) 得善知識を挙げ、次に第二目に「呵五欲」として色《しき》・声《しょう》・香《こう》・味《み》・触《そく》の五つを挙げ、さらに第三目に貪欲《どんよく》・瞋恚《しんに》・睡眠・掉悔《じょうげ》・疑《ぎ》の五蓋《ごがい》(五種類の煩悩)を棄てよと教えています。そして第四目は〈調五事〉として、いまここに述べている食・眠・身・息・心の五つを挙げているのです。

「五事善からざれば禅に入ることを得ず」とありますから、この五つの条件がよく調《ととの》わないと、禅定に入ることを妨げられるというのです。そして五事のうち「眠・食の両事は定《じょう》外に就《つい》てこれを調う」とありますから、睡眠と食事は、坐禅中以外の日常生活の間、もしくは坐禅を行う前に調えておくべきものだというのです。身・息・心の「三事は入・出・住に就てこれを調う」べきものだとされていますが、それならば前方便というのは少々おかしいとおもいます。むしろその三つを調和させることそれ自体が、坐禅だといった方がよいとおもいます。

食を調えるには、『坐禅儀』には「その飲食《おんじき》を量《はか》るに多からず少からず」と、量のことしかいっておりませんが、『摩訶止観』には、「病を増し、眠を増し、煩悩を増す等の食は、則《すなわ》ち応《まさ》に食すべからざるなり。身をあんじ、疾《やまい》を癒《いや》すの物はこれ応《まさ》に食すべき所なり」とあって、質にも触れているようです。

身体によくないような腐ったものとか、あるいは煩悩を起こさせるような刺激のつよいものは食べるな、というのでしょう。「眠を増す」のは、俗に「腹の皮がつっぱると、目の皮がたるむ」といいますから、量のことになりましょう。

以前にあるイタリア人を、某僧堂においてもらったところ、半年にもならないのに血液組織が変ってしまって、坐ることもできないから、肉食させるようにしてくれと、医者が付き添って頼みにきたことがありました。私は、それはできない。しかし体が悪くなっては元も子もなくなるから、叱られるのを覚悟の上で、作務《さむ》か托鉢《たくはつ》のときにエスケープしてレストランに行き、テキでもカツでも食ってきたらよかろう、と、よからぬ知恵を授けてやりました。その後、一年半位たったら、けっこう僧堂の食物に馴《な》れてきたようです。

原田祖岳老師は、特別製の栄養価の高いゴマ味噌を作っておいて、修行者に副食として与えていましたが、栄養価の少ない粗食を腹一杯食べて坐睡《ざすい》しているよりは、体力・気力の旺盛になる良質の食物を工夫する必要があるとおもいます。「略してこれをいえば飢えず飽かず」というのが、「食の調相」だとしています。

次に「眠を調うとは、眠の食なり、苦節すべからず」とあります。眠りというものは、眼の食物のようなもので、あまり節食すると体力の衰えるのと同じように、睡眠不足は「定に入るの障《さわ》りとなる」というのです。といって「恣《ほしいまま》にすべからず」で、眠りすぎても心が散漫になり、体がだらけてかえって坐禅ができなくなります。だから睡眠を調節して、

「神気を清白に、念々明浄ならしめる」必要があります。

坐禅は安楽の法門なり

以上、『坐禅儀』に示す、坐禅の事前の体調をととのえるための食と眠の一般的な注意を、『摩訶止観』の説を引用して解説しましたが、飲食も睡眠も個人差がありますから、その節度は自分の体と相談して、適度をはかるほかはないでしょう。

現在、坐禅の指導をする道場で、右に述べたような食事や睡眠の注意をするところが、はたしてあるかどうかしりませんが、『坐禅儀』や『摩訶止観』『小止観』などに記されているということは、いわゆる生活の知恵とでもいうべきで、古人が坐禅修行上で体験された事実だとおもいます。まことに行き届いた親切なものだと、感激するほかはありません。

坐禅は安楽の法門でこそあれ、けっして苦行ではありません。釈尊が修行の過程で苦行を邪道だとして捨てられたことは、その伝記の示す明らかな事実です。古来、幾多の修行者が、食を質量ともに節しすぎたり、睡眠を極度に縮めたために、あたら英才を抱いて中道に斃《たお》れたり、法成就ののちに病弱になり、活動が思うようにできなかった例も少なくありません。この問題は、けっして軽々しく考えるべきではないとおもいます。

『坐禅儀』には、こう述べております。

「ひそかにおもうに、坐禅は乃《いま》し安楽の法門なり。しかるに多く疾《やまい》を致すは、けだし用心を善くせざるが故なり」と。これは身・息・心の三事の調節にもかかる文章ですが、食・眠の事前の準備にもいわれる大切な警告です。

3——坐禅の実際

どう坐るか

さて、平素の生活の中でこれまで述べたような準備がととのえられたら、いよいよ坐ることになります。

『坐禅儀』には、「坐禅せんと欲するとき、閑静処《げんじょうしょ》において厚く坐物《ざもつ》をしき、ゆるく衣《え》帯《たい》をかけ、威儀《いぎ》をして斉整《せいせい》ならしめ、しかるのち結跏趺坐《けっかふざ》す」とあります。

ここには、まず坐る場所を〝閑静処〟、つまり静かなところと規定しておりますが、もちろんそれに越したことはありません。坐禅をするのに、わざわざ賑《にぎや》かな雑踏する街中に行く臍曲《へそまが》りもないでしょう。けれども現実の問題として、今の都会生活者には、その閑静な場所を選ぶことが容易ではありません。大燈国師《だいとうこくし》は「坐禅せば四条五条の橋のうえ往《ゆき》来《き》の人を深山木《みやまぎ》にみて」と歌われたと伝えられますし、また白隠禅師も、「動中の工夫は静中にまさること億万倍」といわれました。

少し習熟したら、それも力がついてよいのですが、初心のうち君子危《あや》うきに近よらず、まずできるだけ〝閑静処〟を選ぶよう工夫した方がよいでしょう。少々の騒音は我慢するとしても、昔から強い風や、直射日光の当るところでは坐らないように、と誡《いまし》められていることを申し添えておきましょう。

場所の選定ができたら、そこに「厚く坐物《ざもつ》をしき」ます。座布団は薄いよりは厚い方がよろしい。けっしてぜいたくではありません。それに膝のはみ出さない程度に大きいものを使いたいものです。しかし薄いものしかないときは、仕方がないから二枚重ねて用いたらいいでしょう。その上に坐蒲《ざふ》という、普通の座布団を二つに折ったくらいの大きさ、厚さのものを尻の下に敷きます。もちろん薄い座布団を二つ折りして代用しても差支えありません。

次に「ゆるく衣帯をかけ」とありますが、それは着物をゆっくりとつけ、特に帯など強く締めないことです。洋服の場合ならバンドをゆるめるとか、ネクタイをはずすなどすることです。といって、ダラシなくならないように、「威儀をして斉整」なる必要があると注意しています。厳然としたところがないと、坐禅は緊張味が欠けることになります。「しかるのち結跏趺坐《けっかふざ》す」で、このような準備をしてはじめて足を組むことになります。『坐禅儀』には、その方法として結跏趺坐と半跏趺坐《はんかふざ》と、二つの方法が示されています。

坐相を調える

ここで『坐禅儀』には、足の組み方の説明があるのですが、それに引きつづいて、「身《しん》相《そう》すでに定《さだ》まり、気息《きそく》すでに調《ととの》い、然《しか》る後、臍《せい》腹を寛放《かんぼう》し、一切の善悪すべて思量《しりょう》することなかれ。念起《ねんおこ》らば即《すなわ》ち覚《かく》せよ。これを覚すれば即ち失す。久《きゅう》々に縁《えん》を忘《ぼう》じて自《おのずか》ら一片となる。これ坐禅の要術なり」とあって、坐禅の核心にふれています。

それには、身相・気息・思量の順で調整していくように述べられております。この三つは、もちろん別々に調えるべきものではなく、三即一として調えられなければなりません。しかしここでは、一応『坐禅儀』に述べられた順序に従って、一つ一つ順を追って説明いたします。

身相は、いうまでもなく身体のあり方とか、居ずまいのことですから、専門語で申せば坐《ざ》相《そう》を調えるということになります。

身体のすわりのよい、もっとも安定する坐相は、ピラミッド型が一番です。結跏趺坐《けっかふざ》という『坐禅儀』に記された体形がそれに当ります。私ども日本人には、端坐《たんざ》して両膝頭を五十度ぐらいに開いて坐るのが、一番安定していいとおもいますが、ただそれは、全身の重量がすべて脛《すね》の部分にかかるので、長時間は堪えられないという欠点があります。そこで坐の標準の体型として、結跏趺坐がとられる次第です。

『坐禅儀』によれば、「まず右の足をもって左の髀《もも》の上に安《あん》じ、左の足を右の髀の上に安ぜよ」と、きわめて簡単に述べられています。

座布団の上に前に記したように坐蒲《ざふ》または二つ折の座布団を置き、その上に浅く腰かけるようにして、一応、あぐらをかきます。そして右足を左の股《もも》の上に、かかとが下腹につくほど深くのせ、さらに左足をその上から右の股にのせます。その場合、両足が同じ角度で交叉することと、両膝頭がピタリと座布団に密着することが肝要です。片方でも膝頭が浮いていては、体が安定しません。どうしても膝頭が座布団に着かない場合は、坐に馴れて着くようになるまで、尻の下に敷く坐蒲を高くした方がよいでしょう。

体質によっては、どうしても結跏趺坐が組めない人もあります。その場合は、「あるいは半跏趺坐《はんかふざ》もまた可なり。ただ左の足をもって右の足を圧《お》すのみ」という半跏で結構です。『坐禅儀』には「左の足をもって右の足を圧す」という一法しか示されていませんが、古来、右の足を左の股《もも》の上にのせるのを吉祥坐《きっしょうざ》といって法成就《ほうじょうじゅ》した仏の坐法とされ、その反対に左の足を右の股にのせるのを降魔坐《ごうまざ》とよび、修行中の坐法だといわれます。ついでにいうと、両足を交叉して組む結跏趺坐を金剛坐《こんごうざ》と申します。しかし、そういった名称にふかく拘泥《こうでい》する必要はありません。長時間坐って疲れたら、左右の足を交互に組み替えていいのです。ただ大勢で坐っているときは、他人の迷惑にならないよう、静かに音を立てない注意が必要です。

どっしりと、ゆったりと

さて、足を組みおわったら、次は手を収めます。その法は『坐禅儀』には「右手をもって左の足の上に安じ、左の掌《たなごころ》を右の掌の上に安じ、両手の大栂指《だいぼし》の面《おもて》をもって相拄《ささ》え」

とあります。つまり右手を下に左手を上に、掌を上に向けて重ねるだけで、指を組まず両手の拇指の腹と腹とを合せて、なるべく下腹の辺に引き寄せておくのです。この手の組み方を法界定印《ほっかいじょういん》と申します。

このようにして坐が定ったら、身体を左右に揺り動かして、時計の振子が自然に中心に停止するように、疎《そ》より細《さい》にと中心に揺り鎮《しず》めるようにします。

それから上体を四十五度位の角度で前方に倒し、お尻を思いきり後ろに突き出します。そしてお尻の位置はそのままにして上体だけを起すと、尾骶《てい》骨の少し上のあたりが前方に反《そ》り気味になります。当然、腰が立って下腹部の筋肉が、やや緊張します。このようにして身体を磐石不動《ばんじゃくふどう》に正身端坐《しょうしんたんざ》させます。

『坐禅儀』にはそれを、「徐々として身を挙《おこ》し、前後左右反覆揺振《はんぷくようしん》し、乃《すなわ》ち正身端坐せよ」といっております。さらに続いて、「左に傾き右に側《そばだ》ち、前に躬《かがま》り後《しりえ》に仰《あお》ぐことを得ざれ。腰脊《ようせき》、頭頂《ずちょう》、骨節相拄《ささ》えて状浮屠《かたちふと》の如くならしめよ。また身を聳《そびや》かすこと太《はなは》だ過ぎて、人をして気急に不安ならしむることを得ざれ。耳と肩と対し、鼻と臍《ほぞ》と対し、舌、上の顎《あぎと》を拄《ささ》え、唇歯《しんし》相著《つ》けしめんことを要す。目《まなこ》は須らく微《すこ》しく開いて昏睡《こんすい》を致すことを免《まぬが》るべし。

①

座布団の上に坐蒲をおき、その上に浅く腰をかけるようにして、あぐらをかく。あぐらの状態から、まず右足を左の股の付け根に近いところにのせる。

②

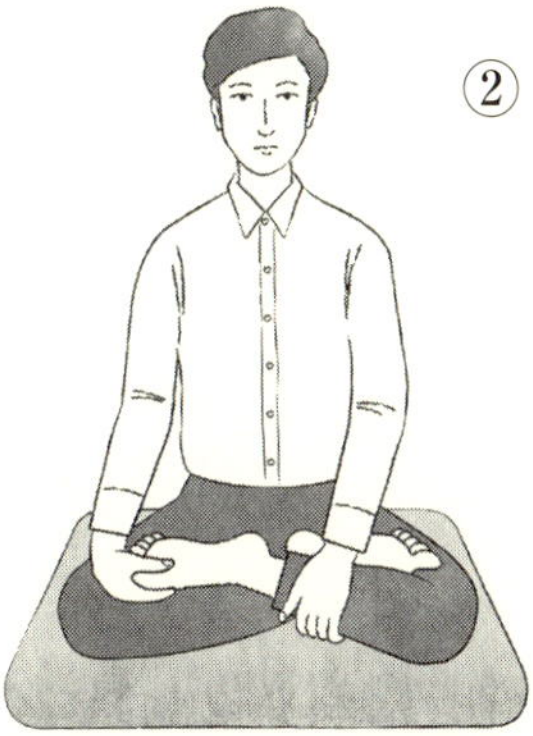

次に左足を右の股の上にのせる。その時、両足が同じ角度で交叉すること、両膝頭がピタリと座布団につくことが肝要。結跏趺坐のできない人は、左足を右足にのせるだけの半跏趺坐でもかまわない。

③

右手を下に左手を重ねて法界定印を組む。両肩の力を抜き、目は閉じないで半眼に。視線は鼻端をかすめて前方１メートルほどの床におとす。ゆったりと、どっしりと、そして凜然とすわる。

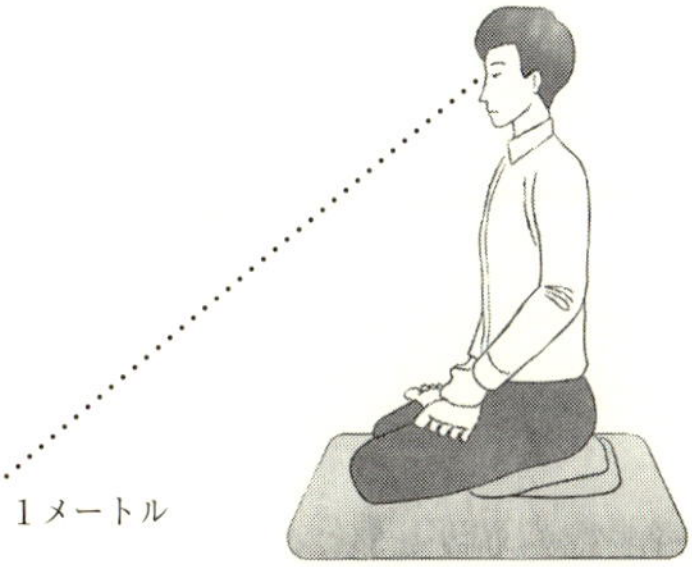

横からみた正しい坐相

法界定印

もし禅定を得ればその力もっとも勝《すぐ》る」と説明しています。

これを読めば、坐相の要領はすべて尽されています。左右に傾いてもいけないし、前かがみになるのもよくありません。といって、後ろに反《そ》りかえりすぎるのも感心しません。〝浮屠《ふと》〟のような恰好がよいというのです。〝浮屠〟とはブッダ Buddha のなまったものだといわれます。つまり頭、頸、背骨、腰骨と、五重の塔か何かのように整然と積み上げられ、前後左右のいずれにも傾かず、どっしりと、ゆったりと安定して不動の状態であるのがよいわけです。

「身を聳《そび》やかすこと太《はなは》だ過ぎて、人をして気急に不安ならし」めてもいけません。必要以上に気張りすぎて怒張《どちょう》気味になると、かえって窮屈になって呼吸が迫って苦しくさえなります。腰以外には、どこにも力をいれず、特に肩や胃部の力を抜いてゆったりと構え、耳と肩とが垂直線上にあり、鼻と臍とが一線上にあるようにするのがよいとされます。それには顎《あご》を引いて、うなじを立てれば自然に耳と肩とが垂直になるし、腰を伸ばして下腹を前に押し出せば、これまた鼻と臍とが垂直になります。

「舌、上の腭《あぎと》を拄《ささ》え、唇歯《しんし》相著《つ》けしめんことを要す」とありますが、これはそうしようと意識しないでも、気合を入れて一所懸命に坐っていれば、自《おのず》からそうなってきます。

全身で学ぶ

目は閉じてはいけません。一メートルくらい前方の床に、無心に眼光を落しておくべきです。この点について、目は閉じた方が三昧《さんまい》に入り易《やす》いと説く人もありますが、目を閉じていると心が暗く沈んで消極的になり、活気がなくなりがちです。原田祖岳老師が口癖《ぐせ》のようにいわれた、ゆったりと、どっしりと、しかも凛然《りんぜん》と、富士山が東海の天に突っ立ったように坐るのが坐禅ですから、空々寂々《くうくうせきせき》と空気の抜けたゴム毬《まり》のような坐り方をしていてはいけません。参考までに39ページに図示しておきましたが、だいたい、以上で坐相は調うでしょう。

前に私が『参禅入門』を書いたとき、坐相を正しくする要点を、次の三つにまとめておきましたが、それを左に掲げておきます。

1　腰をグッとつっ立て、下腹を両股の間に割り込むようにすること。

2　両肩や胃の辺に力を入れて気張らないこと。

3　うしろ頸《くび》を伸ばして、顎を引くこと。

昔は「腰抜け！」という罵《のの》り言葉は、人間としての主体性を否定されたことになり、最大の侮辱だったようです。それは人間としての主体性、または人格性は〝腰をつっ立てる〟ところにあったからだとおもいます。私どもは行住《ぎょうじゅう》坐臥《ざが》に腰を立てなければ、真実人体になりませんが、特に坐るときにはその点の注意が肝要です。腰抜け坐禅は、絶対に禁物です。

道元禅師は『正法眼蔵《しょうぼうげんぞう》』の「身心学道《しんじんがくどう》」の巻で、次のように〝身学道〟の意味を説明しています。

「身学道というは、身にて学道するなり。赤肉団《しゃくにくだん》の学道なり。身は学道よりきたり、身は学道よりきたれるは、ともに身なり。尽十方界是箇真実人体《じんじっぽうかいぜこしんじつにんたい》なり。生死《しょうじ》去来、真実人体なり」。

〝道を学ぶ〟ということは、単に心で学ぶというよりは、全身で学ぶことの方が大切なのです。全身で学道するとき、親から生れたままの肉塊にすぎない〝赤肉団《しゃくにくだん》〟が、人間の〝身〟体として現成《げんじょう》されるのです。ところで禅家が〝学道〟といえば、いうまでもなく坐禅です。

人は坐禅をして身・息・心が即一的に調和するとき、「尽十方界《じんじっぽうかい》」をわが身体とするような天地の主《あるじ》としての「真実人体《しんじつにんたい》」を現成することができる、道元はこういっているのだとおもいます。

身体がすわることの意義は、こう考えてくると実に重大なものがあります。

4――禅の呼吸法

気息を調える

「身相《しんそう》すでに定まり、気息《きそく》すでに調《ととの》い」云々と『坐禅儀』にありますから、坐るの第二は呼吸を調えることです。

ただ『坐禅儀』には「気息すでに調い」とあるだけで、具体的には述べられていませんが、この点、道元禅師の『普勧坐禅儀』はハッキリしています。

「鼻息かすかに通じ、身相すでに調えて欠気《かんき》一息し」云々とありますが、その〝欠〟は辞書に「口を張り気を舒《の》ぶるなり」とありますから、あくびのような大きな息をすることであろうとおもいます。つまり深呼吸のことでしょう。身相が調い、坐がきまったら、まず深呼吸をせよ、ということに解してよいとおもいます。

私自身は、左右揺振《ようしん》して坐がきまったら、深呼吸を数回行います。その方法は、口を開いて咽喉《のど》や胸を使わずに、下腹部の圧力で胸底から上腹部までがカラッポになるまで、ハーッと、三十秒以上もかけて息を吐き出します。吐きつくしたら下腹部の筋肉の緊張をゆるめると、吸う努力をしなくとも、瞬間に自然に鼻から空気が入ってきます。私はこの方法を、スポイトの原理といっています。

スポイトのゴムの部分に指で圧力を加えると、中の空気がみな出てしまいます。次にその指を離すと、インクが入って充満します。あの原理で、下腹に圧力を加えて長い呼気で肺中の空気を全部吐きつくし、次に筋肉をゆるめると瞬間に空気が入ります。この一呼吸で心機一転して、いままでの環境と絶縁し、『坐禅儀』にいう「諸縁を放捨」することができるから妙です。ただ、この時、気張ったり、力んで、鳩尾《みずおち》に力を入れ、胸圧を加えることは絶対に禁物です。鳩尾は柔かく凹《へこ》むようにし、そして肛門《こうもん》を締めるようにすることが要訣《ようけつ》です。

だいたい呼吸という言葉が、呼《は》き吸《す》うと書いてあるのに、多くは逆に吸う方に力点をおいて、呼く方が従になるのは間違いではないでしょうか。医師の説によると、両肺を平面上に開くと畳八枚か九枚分の広さになると申します。それほどの面積のある肺に、吸い込むばかりで呼きかたが足りないから、ガス交換作用がうまくできないのです。それでは健康にもよくありません。

いま私が説明したような呼吸をしていると、私の実感では、ちょうど昔の鍛冶屋さんが、ふいごの把手《とって》を手で押したり引いたりしてピストンを進退させると、コークスが燃えてパッパッと焔《ほのお》をあげてくる、あれと同じ感じがしてきます。内なるいのちの焔が燃えてきて、体内にいいしれない活力が溢れてくる、といった感じです。

そのことを調和息の大家、村木弘昌医博に話しましたら、村木博士は、こう説明してくれました。長呼気によって、血液中の酸素が増大し、それが筋肉にミオグロビンという酸素を貯蔵する蛋白《たんぱく》を生ずるので、疲労を回復し、かつ炭酸ガスの排除が活発化するのだ、と。

白隠禅師の呼吸法

それはさておき、一応の深呼吸が終ったら、こんどは口を閉じて鼻から空気を出入させながら、深呼吸と同じスポイトの原理で、静かに細く長く吐き尽します。このときは常時、下丹田《げたんでん》（下腹）に小圧を加えています。

なお『小止観』には「息には四種の現象がある。一には風《ふう》、二には喘《せん》、三には気《き》、四には息《そく》」（伊藤延次訳『止観』）といっております。そして〝風〟とは「鼻中の息、出入して声ある」もので、鼻をズーズーいわせるもの。〝喘〟とは「息に声はないが、出入に結滞して通ぜざるもの」で、出入の息が滞《とどこお》って、あえぐもの。〝気〟とは「声もなく、結滞もしないが、出入に細微《さいび》ならざる」もので、つまり息の荒いことです。以上は、すわるのに適しない呼吸の仕方だというのです。「風なれば心が散乱し、喘すれば心が鬱結《うっけつ》し、気なれば心が疲憊《ひはい》する」とあります。

すわるのに適する呼吸法は〝息《そく》〟といわれるもので、「出入綿々として存するがごとく、亡するがごとく」なるものだといわれます。具体的にどのようにするのかは、右の『小止観』には書かれていませんが、私のやる深呼吸の細微なものとおもえばいいでしょう。

つまり、スポイトの原理で呼《は》く息は長く、吸う息は短くという方法です。この呼吸法で坐ると、普通一分間におよそ十八回といわれる呼吸回数を、一分間に五、六回から二、三回に縮めることができるでしょう。そうなると、「身《しん》おのずから安穏《あんのん》に、こころ悦予《よろこび》を懐《いだ》く」

ようになり、「始めて心が安定を得る」と、『小止観』には示されています。

近世において呼吸のことをやかましく強調されたのは、おそらく白隠《はくいん》禅師ぐらいのものではないでしょうか。禅師は二十五、六歳のころ、「観理《かんり》、度《ど》に過ぎて終《つい》に重症」にかかり、「五臓気《き》耗《もう》して常に復すべきこと難《がた》し」という状態にまでなりました。そこで洛東白河《しらかわ》の山中に白幽《はくゆう》真人を訪ねました。

「師、仙訣《けつ》を聞き、始めて、如来《にょらい》禅と祖《そ》師禅と共に安那覚《あんなかく》・般那覚《はんなかく》の二三昧《にさんまい》を以《も》って、是《これ》を諸仏自在通《しょぶつじざいつう》・諸聖無漏果《しょせいむろか》の父母となすことを知る」と、『白隠禅師年譜《ねんぷ》』の二十六歳の項に記されております。安那は呼《は》く息、般那は吸う息、覚は三昧ですが、これは『仏説《ぶっせつ》大安般守意経《だいあんぱんしゅいきょう》』の中に記された、釈尊の呼吸法だといわれます。

釈尊は、そのお経の中で「道を得んと欲せば、かならず当《ま》さに坐行の二事を知るべし」といって、坐禅のときばかりでなく、日常の行為の中でもつねにアナ・パーナの呼吸をせよと示されております。

白隠禅師は『夜船閑話《やせんかんな》』の序文中に、「大凡《おおよそ》生を養い長寿を保つの要は、形を錬《ね》るに如《し》かず。形を錬《ね》るの要、神気《しんき》をして丹田気海《たんでんきかい》の間《かん》に凝《こ》らしむるにあり」と述べていますが、それは具体的にはアナ・パーナの長呼気《ちょうこき》の呼吸法と、〝内観法《ないかんほう》〟と称する自律《じりつ》訓練法の二つだといえます。序文には、さらに「此《ここ》に於《おい》て、真正《しんしょう》参玄の上士《じょうし》両三輩《りょうさんぱい》を得《え》て、内観と参禅と共に合せ並べ貯えて、且《か》つ耕し且つ戦う事、蓋《けだ》し茲《ここ》に三十年、年々一員を添え二肩を増し得て、今既《すで》に二百衆に近し」ともいっております。

剣客・白井亨の修行

私は『剣と禅』や『書と禅』に、幕末の剣客、白井亨《とおる》のことを書きましたが、彼は二十八、九歳のとき、修行半ばに病を得て、剣の道に失望したとき、師の寺田宗有《むねあり》から東《とう》嶺《れい》和尚直伝の内観錬丹《れんたん》の法を教えられ、病が癒《い》えると同時に、剣の道も大成した人です。

白井亨は、その修行の状況を『兵法未知志留辺《みちしるべ》』に、次のように述懐しています。

「此《ここ》に於《おい》て神《しん》を凝《こら》し、或《あるい》は称名錬丹《しょうみょうれんたん》し、或は誦経《ずきょう》錬丹し、又は撃剣《げっけん》錬丹し、鵠林《こくりん》先師がいわゆる塵務繁絮《じんむはんじょ》の間、進退揖譲《しんたいいつじょう》の席において片時も放退せざらんことを勉め止まざる事、僅《わず》かに二月、元気自然《じねん》に臍下《せいか》に充実し瓠然《こぜん》たる事、未《いま》だ篠打《しのうち》せざる鞠《まり》の如く、病症《びょうしょう》いつしか氷消《ひょうしょう》し、聊《いささ》か功力を得たり。当《まさ》に知る、鵠林《こくりん》先師が専修錬丹は捷径《しょうけい》にして、灌《かん》水修法《すいしゅほう》の功少き事を」。

これこそまさに釈尊のいわゆる「坐行の二事」において、アナ・パーナ三昧を修したものといってよいでしょう。

気息を調《ととの》えるということは、このように大切なものなのです。

さらに、坐相だけを調えようとしても、気息が調わなければ永続きしないことも、体験上明らかな事実です。だいたい、〝姿勢〟という言葉自体が、外相としての〝姿〟と、内実としての〝勢〟の二つが合したものなのです。〝勢〟という文字は、〝息競《いきお》い〟であり、いいきの生き生きとして競い立つように躍動していることだとおもいます。ですから、気息が調えられて、さきに述べた鍛冶屋さんのふいごの例のように燃えあがってくれば、当然、腰骨がすっくとつっ立って、厳然たる〝浮屠〟のような形に坐相が調うはずです。その反対に、呼吸不調で悄然《しょうぜん》としていれば、坐相も自然にしょんぼりせざるを得ないでしょう。坐相と気息とは、どうしても切り離して考えることはできない関係にあります。

思量を調える

こうして坐相が調い、気息が調ったら、次には「臍腹《せいふく》を寛放《かんほう》し、一切の善悪すべて思量することなかれ。念起らば即ち覚せよ。これを覚すれば即ち失す。久々《きゅうきゅう》に縁を忘《ぼう》じて自ら一片となる。これ坐禅の要術なり」ということになります。

「臍腹を寛放し」とは、必ずしも肉体的に臍《へそ》や腹をゆったりとすることばかりではないでしょう。むしろ、すべての捉われから、身も心もいっしょに解放することと考えた方がいいのではないでしょうか。そうして、腹の中に一物もなく、ゆったりと解放された状態になった上で、是非・善悪などの相対的な想念を根こそぎ拭《ぬぐ》い去って、「思量することなし」という無念無想になります。白隠禅師の『坐禅和讃』に「無相の相を相として、行くも帰るも余所《よそ》ならず、無念の念を念として、謡《うた》うも舞うも法《のり》の声」とありますが、それが本当に「思量することなし」の無念無想なのです。

脳波が熟睡したのと同じ状態になったのが無念無想なら、ＬＳＤを飲んだり、ウイスキーでも飲んだ方が早道でしょう。そうではなく、縦横無尽に思量しながら、しかも少しもそれに捉われないのが、「思量することなし」ということなのです。

しかし、実際にはなかなかそうはいかないので、「念起らば即ち覚せよ」というわけです。

妄念が起ったらすぐに省覚《せいかく》すれば、妄念は「即ち失す」で、たちまち切断されます。

念とは今の心だといわれますが、私どもに意識がある限り、外界の事物にふれたとき念が起るのは当然で、むしろそれが意識の健全に働いている証拠だといっていいでしょう。石田梅岩《ばいがん》や手島堵庵《てじまとあん》などの心学では、たとえば、暑いという外界の現象にふれたとき、暑いナと思うのは本心の働きで妄念ではない。それは本心の真《まこと》と、外界の実《まこと》とが一つになった真事《まこと》だと申します。暑いとき、涼しくなればいいナ、などとおもうのは、邪心とか私心というものだといっております。禅でも同じことで、主客がピタリと一つになった今の心は、妄念ではありません。その念を継いで連想したり、いつまでもそれに拘泥《こうでい》しているのが、妄念というわけです。

「念起らば即ち覚せよ」というところに、古人が「州云く無《しゅういわくむ》」と著語《ぢゃくご》していますが、おもしろいとおもいます。

〝無!〟と、諸念を断ちきってしまえというのでしょうか。〝覚〟するとは、それを指していったものです。

数息観と公案工夫

さて、その覚する具体的方法、心を調え精神を集中する方法として、数息観《すうそくかん》と公案工夫《こうあんくふう》の方法とがあります。公案の工夫については、師について実参すべきものですから、ここでは割愛して、数息観についてだけ申しあげましょう。

数息観とは文字通りに〝息を数える観法〟ですが、これは本来は天台の止観《しかん》の方法だとおもいます。『摩訶止観《まかしかん》』中に、数息観の具体的方法は書かれていませんが、第八章に「明利《みょうり》の覚《かく》が起らば数息《すうそく》をもって助け、沈昏《ちんこん》の覚起らば観《かん》息をもって助け、半沈半明の覚起らば随《ずい》息をもって助けよ」という言葉が見えます。

『小止観』に、数息の方法が記されていますが、それは後で述べるとして、天台大師の「六妙門《みょうもん》」に、数《す》・随《ずい》・止《し》・観《かん》・還《げん》・浄《じょう》の六種の妙門、即ち寂滅境を体験する六つの方法が説かれています。数は息を数える数息観、随は息に随《したが》って修する随息観、止は心を一処に凝集すること、観はすべての存在の真相を観る力、還は観の眼を内に向ける、浄は物に着しないで清浄なことです。

これはなお遡《さかのぼ》って、前に述べた『大安般守意経《だいあんぱんしゅいきょう》』に「数息・相随・止・観・還・浄の六事は、ある時には坐となり、ある時には行となる」とあるのと、まったく同趣旨です。白隠禅師は『臘八示衆《ろうはつじしゅ》』第四夜の示衆で、「数息観に六妙門あり、いわゆる数・随・止・観・還・浄なり。息を数えて三昧に入る、これを数という。息を数えてようやく熟すれば、ただ出入の息に任せて三昧に入る、これを随という。十六特勝等《とくしょうとう》、要を以てこれをいわば、数・随の二字に帰す」と説いております。〝十六特勝《とくしょう》〟というのは、調心《ちょうしん》から非想地《ひそうち》に至るまでの観法のことだとおもいますが、そのような数多くの観法も、要するに数息観《すうそくかん》・随《ずい》息観《そくかん》の二観法に帰着し包合されるというのでしょう。

数息観の実際

さて、その数息観ですが、『小止観』によれば、「修数とは、行者気息を調和して渋《じゅう》ならず滑《かつ》ならず、安祥《あんしょう》としておもむろに数え、一より十に至り、心を数に傾けて散乱せしめぬ」ことだとあります。

呼吸をよく調えて渋滞しないように、また上っすべりにもならないようにし、ゆったりとして静かに呼吸を数え、一から十に至り、十になったらまた一に戻って十まで数えます。

それを何回も何回も心をこめて機械的にならないよう繰り返していると、散乱した心が自然に集中統一され、数息三昧になる、というのです。

呼吸を数える場合、呼と吸とで一つと数える、吸気を主として数える、呼気を主として数える、の三つの方法があります。私の体験では、呼《は》く息を主として数えるのが、三昧に入るには一番いいようです。

「ヒトー」という念の力で、長く息を引っぱっていくような気持ちで呼《は》く。そして身の力も心の力もゆるめる気持ちで「ツー」と軽く吸う。さきのスポイトの要領です。呼くときには心をこめ、力づよく「ヒトー」と呼きつくします。吸うときには身心ともにゆるめて「ツー」と短急に吸います。息が心にしたがって引っぱられて行く気持ちです。

呼《は》く息は自分の下丹田《げたんでん》に吐《は》きかけるように、そして数えるのも下丹田で数えるという観念でやることが必要です。「心を数に傾けて散乱せしめぬ」というのですから、〝数える心〟が息を引っぱって行く気持ちを忘れてはいけません。そうすると自然に息が心に従い、また心が息に乗って、融然《ゆうぜん》と心・息が融《と》け合って一つになります。

公案を工夫する場合も、この要領であることはいうまでもありません。たとえば、「無字」を工夫するなら、ムーッと息を呼き、ムッと息を吸う。そして「三百六十の骨節、八万四千の毫竅《ごうきょう》をもって通身《つうしん》に箇《こ》の疑団《ぎだん》を起こし、箇の無の字に参」（『無門関』第一則、無門慧開禅師評）ずるのです。「通身に箇の疑団を起」こすとは、全身が無の団《かた》まりになり、絶対の疑いになることです。絶対の疑いは、同時に絶対の答えであるはずです。無門慧開《むもんえかい》禅師はまた「平生の気力を尽して」、つまり、ありったけの気力を出し尽し、「ムーッ」と座布団をぶちぬき、地球の向こう側までぶちぬくようにやれともいっています。

これは数息でも同じことです。私の門人にそのような調子で数息観をやったところ、たちまち三昧に入り、前後截断《せつだん》した絶対現在ということが、よく会得できたものがおります。数息だからといって、気をゆるめ、調子を下ろしてはいけません。

5——禅の姿勢

腰を伸ばす

坐禅の時、腰を伸ばすということがしばしばいわれます。みな、背を丸くして腰を曲げているのは、腰を伸ばすということの意味を知らないからです。

腰を伸ばすということには、人間としての主体性を確立するという意味があります。昔の侍が腰抜け、腰砕《くだ》けといわれると、非常に屈辱を感じたのは、腰が曲がっているということが、人間として主体性を放棄したことの意味になるからです。

人間も動物であった頃には、四つん這いになって、全面的に地球の引力に引かれていました。引力に引かれっ放しの時代には、人間としての主体性を持ちえません。ところが、前足を地球から離し、グーンと突っ立って、半《なか》ば引力に従いながらも、半ば引力を退けた時に初めて人間というものが確立したのです。

引力に背《そむ》いて立ち上がった時、人間は何の力で立ち上がったかといいますと、腰の力でした。ですから昔の人は、「腰」という字を肉月に要《かなめ》と書いたのです。人間として一番肝腎かなめの所は腰だ、もし腰の力がなかったならば、動物のまま、四つん這いになって、百パーセント引力に引かれた、受動的な立場でいなければならなかったのです。人間として主体的に自己を確立したのは、腰のお蔭だったといえます。昔の人が、肉体の一番大切な所を「腰」という字で書いたことは、そういうことだったと思うのです。

今の科学者が生態系というように、宇宙という一大生命態系の中にあって、その全生命力を人間の個の躰の内に表現するのです。人間が両手両足を広げて立てば「大」の字になり、その個の躰は、宇宙的な生命の表現点であったのです。腰を伸ばすということにはそういう意味があります。腰を伸ばして、全身がそのまま大生命の象徴となるところに、人間としての意義というものがあります。それを学ぶことが禅というものです。

生きた姿勢、死んだ姿勢

昔、宮本武蔵が名古屋城下に入ったとき、遠くから立派な態度の侍がやって来ました。その時武蔵は、この名古屋城下に、あのような姿勢のできる人はおそらく「柳生兵庫《やぎゅうひょうご》だな」と思ったそうです。そこですれ違う時、「兵庫か」と声を掛けたところ、「武蔵か」と向こうも返事をしたそうです。柳生兵庫も名古屋城下に武蔵が来ているとの噂を聞いていたので、すれ違う時、こんな立派な姿をしているのは武蔵に違いない、と思ったからです。

この柳生兵庫の十五代の子孫が、今は亡くなられた柳生厳長《としなが》先生です。私はこの人とよく剣の道理について商量しました。柳生先生がいわれるのに、名古屋の広小路通りに立って、大勢の人々が右往左往する中で、三時間足許を見ていたが、生きた人間は一人もいなかったそうです。みな、死に足で、足の使い方がなっていなかった、としばしばいわれました。

それからまたよくいわれたことに、たとえば国電に乗ってドアの傍に立っていたとして、駅に着いてドアがサッと開いた時、スッと片足の出せる人がほとんどいません。まず片足を少し出しておいてから、その後反対の足を出して降りるのは、立っている時の姿勢が悪いからそうなるのだ、といいます。

柳生先生が一番誉める人は、柔道の牛島辰熊《たつくま》氏です。ある時どこかの会場で出会ったところ、牛島氏は自分より一足先きに階段を下りていかれた。その後ろに柳生先生がついて下りて行って、「もしその時、後ろから突き飛ばしたならどうであろうか。おそらく体をかわして、逆に自分を落としてしまうだろう」と思われたといいます。柳生先生は牛島という人を初めて見たのですけれども、彼は生きている、といって非常に誉めておられました。生きているということは、武道というものをちゃんとつかんで身につけているということです。ただ動物のように強いだけではどうにもなりません。牛島辰熊氏も、たしかに人間としての主体性を確立した立派な侍であります。

持田盛二範士のこと

最初に申しましたように、腰を伸ばすということは大事なのでありますが、背骨の方は彎曲していても構いません。その方がむしろ自然でしょう。それを昔の軍隊の〝気をつけッ〟のように背骨を伸ばして胸を突き出すのは、生理の自然ではありません。動物の時代には、内臓を胸骨内に包んでブラ下げていました。従って背骨が少し彎曲している方があたり前です。名人・達人といわれるような人は、みな姿勢がそうなっています。

剣道家でも、竹刀を構えるとそうなります。それを胸を反らして突き出してしまったら、剣道はできません。無理をしているからです。背骨は曲ったままでもよろしいが、腰骨を伸ばすということが大切なのです。

私の鉄舟会の門下であり、警視庁の師範で剣道八段の全盛時代だった谷崎さんが、ある時わざわざ私の所へやって来ました。

「先生、今日は持田《もちだ》範士と稽古をしました。いつも警視庁に来られても四十分位しか稽古をされない。それで持田範士が道場に出て来られて坐られると、様子を横目で見ながら稽古をしていて、今日は防具を着けられるな、と思うと皆スーと前に並んでしまう。それで順番が取れなくて稽古できませんでしたが、今日は最初から稽古されるな、という気配があったので前にスッと並びました。そうしたら防具を着けられて、稽古をお願いできました。ところがもうてんで歯が立たない。それどころか、竹刀がどこにも触らない。せめて袴にでも触ろうと思ったけれども、それすら触れることができない。しかも三分位したら息が切れてしまって、もう続かないのです」。

全盛時代の八段の警視庁の先生が、八十何歳の持田盛二《もちだせいじ》範士に向かって行って、そのようにあしらわれたのです。

日本舞踊の藤間勘十郎《ふじまかんじゅうろう》のお弟子にあたる方が、私の所へ来られていわれるには、「今日私は、九段坂の上で立派な方を拝見しました。踊りの理想的な姿勢です。タクシーを待っておられるものと見え、背の高い紳士が無心で立っている。どこにも力んだ所がなく、きわめて自然でした。その姿が実に美しくて、踊りの姿勢でああなれば良いなあと見惚れてしまいました」というので、私は「それは武道館から出て来られたのでしょう。おそらく持田範士ではないでしょうか」と返事しました。

ちょうど「武道」という雑誌に、持田範士が、武道館近くの草原《くさはら》の中で、刀を抜いて構えている写真があり、それを私は持っていましたので、「この人でしょう」と見せましたら、「あっ、この人です」と答え、そして「私は踊りを習って以来、一つの理想を描いていますが、その憧れている姿を見ることができました。やはり私の考えた通り、人間というものは鍛えればああいう姿勢になれる。それを生きた人の姿で見られたことを非常に嬉しく思いました」といっておられました。やはり見る人は見ています。

宇宙と一つになった合気道家

もう一人立派な人は、合気道の創始者・植芝盛平《うえしばもりへい》先生です。私は先生の四十代の時に初めて出会ったのですが、その時はどうも商人のような感じで、顔も武道家らしい威力がないように思いました。ところが戦後、芝の増上寺で法要があった時、私の目の前に紋付を着た老人が立っていて、その姿勢の立派なこと、神々しいことにおどろきました。

はてな、剣道家なら知っているけれども、剣道家にこんな人はいない、しかし柔道家ではない、あれは柔道家の姿勢ではない、剣道の姿勢だ、実に立派だなあと思って眺めているうちに、ああ、これは植芝盛平さんではないか、と気がついたのです。凛然《りんぜん》として、しかもちっとも力んでいません。スーとして神々しささえ感じる。エライ人だなあと思って、受付に行って聞いてみると、果せるかなそうでありました。

四十年前のことを考えてみると、植芝さんがまるっきり違ってみえたのは、心の構えが違うからです。躰をずっと鍛えて行くと、そういう風になってしまうのです。あれが宮本武蔵の「有構《うこう》無構《むこう》」、すなわち構えはあって構えなしというものです。きわめて自然に、天からブラ下がったようなかっこうで、スーとしています。

くりかえしますが、道元禅師は身体で学道するということを、「身学道というは赤肉団《しゃくにくだん》の学道也。身は学道より来たり、学道より来たれるはともに身也。尽十方世界真実人体也《じんじっぽうせかいしんじつにんたいなり》。生死去来《しょうじ》、真実人体也」といっています。

われわれは生まれたままでこれを鍛練しなければ、ただの肉のかたまりにすぎません。それが赤肉団の学道をすることによって「身体」となります。身心一如に学道して、初めて肉体は人間という主体性を持った「身体」になります。その時尽十方世界真実人体也、全宇宙の表現点としての人体となるのです。

植芝さんも「お前らがいくら懸《かか》ってきても俺には勝てないよ。俺は宇宙と一つに成っているから」といわれたといいます。そういう点を修行者というものは心がけねばなりません。

直心影流の法定

以上『坐禅儀《ざぜんぎ》』に従って、坐相（身）・気息（息）・思量（心）と、三つに分けて説明し、さらに姿勢について詳しく述べましたが、身・息・心の三つは元来分けて考えるべきものではありません。本当は呼吸の働きに媒介されて、心と身とが渾然《こんぜん》と一つになるというのが坐禅というものです。

私は直心影《じきしんかげ》流の法定《ほうじょう》という組太刀を永年修行し、今でもやっておりますが、阿吽《あうん》の呼吸を調え、上半円《かみはんえん》といって、太刀で頭上に円を描きながら左右に肩と水平に開き、腰を落とし両足を踏みすえて、全身の気力を臍下丹田《せいかたんでん》に集中すると、トタンに全身が空《くう》になります。これは臍下丹田という、自分の五体の均衡《きんこう》のとれる中心点に気力を集め、そこからまた気力を全身に拡散するので、求心力と遠心力が平衡し、プラス・マイナス・ゼロになるという力学の原理だろうとおもいます。坐ったとき、同じように臍下丹田を中心に均衡を計ると、空身を体験することができます。こうなると呼吸の作用は、たいへんなものです。

しかし身・息・心の三つは、どの一つを取り上げても、他の二つがついてきて調和するものです。坐相が凛然《りんぜん》と正されれば、心も息もおのずから正しくなるし、心が願心に充たされれば、姿勢つまり坐相も呼吸も期せずして正しくなるものです。

このようにして、身・息・心が安定不動の状態で一如に調和されることが、すわるということの要訣だといってよいとおもいます。

願わくは四弘《しぐ》の願輪《がんりん》に鞭うって、ゆったりと、どっしりと、しかも凛然と、東海の天に突っ立った富士山のように、相倶《あいとも》にすわりたいものです。

II 草木国土 悉皆成仏――成道の意義

1——悟りへの道

生の再発見

私は、人間の生と死ということについて、非常に厳粛なものを感じています。生まれるということは、昇る朝日のような、さわやかな清らかさが感じられると思います。死には、まっ赤に燃えて西に沈む、夕日のような荘厳さが感じられると思います。

そういう意味で、人間の生まれるということに、非常な明るさを感じるものでありますけれども、それは一個の肉塊としてこの世に投げ出されたということではなくて、その後において自らの生の意味というものを自覚し、それを完全につかみ、そしてそれを行じていくという、生の再発見というか、自分というものについての自覚、そういうものを得られた瞬間、お釈迦さまでいえばそれが成道ということだと思います。そこに、肉塊としてこの世に生まれたこと以上のさわやかさを感ずるわけです。

お釈迦さまは、ご承知のように、最初は修定《しゅうじょう》ということをやられたと、伝記には書かれております。定を修める、つまり心を統一するという修行を、相当年月かけてやられたようです。しかしそのうちに、ただ心だけを一ヵ所に集中したところで、それだけではどうにもしようがないということに気づき、次には肉体を苦しめる苦行をなさいました。これを六年やられたと記録にあります。

そのあげく、修定にせよ、苦行にせよ、要するに精神と肉体とを相対的に二元的なものとみて、その片方の心を集中してみたり、あるいは一方の肉体をいじめることによって心を解放しようとしたりしていることでは、究極のところをつかむことはできない、と感じられたのです。そこでその苦楽の行を共に捨てられ、自ら新しい道に進もうとして雪山に入り、六年間端坐された。そしてついに定の究極と申しますか、従来のバラモンやその他の行者によっては到達できなかった非想非非想定《ひそうひひそうじょう》という、想にあらず、想にあらざるにあらずという、滅尽定《めつじんじょう》と名づける究極地に到達されたのです。

それが十二月八日、暁《あ》けの明星を見られた瞬間に爆発的に訪れ、自分はあそこに星になって輝いている、星はここに自己となって具体的に存在すると、星と自己との一体性というか、全宇宙と自分との一体性というか、そういういのちに触れられたのだと思います。そして、その時、奇なるかな奇なるかな、一切のものはことごとく如来《にょらい》と同じ智慧《ちえ》徳相《とくそう》を具している、すべてのものはことごとく仏さまの性質を持っている、すべての存在は一つの命であるということを喝破されたのです。

あるいはそれをむずかしいことばでいうと「一仏成道《いちぶつじょうどう》　観見法界《かんけんほっかい》　草木国土《そうもくこくど》　悉皆《しっかい》成仏《じょう》ぶつ」、自分一人が成道したのであるけれども、自分一人が成道したとたんに、全宇宙が同時に成道した、全宇宙の一切の存在がすべて仏なる立場において再生した、こういうきわめて大胆な宣言をされているわけです。

天上天下唯我独尊

お釈迦さまは、母親の摩耶《まや》夫人の脇腹をやぶって生まれ、すぐに七歩歩いて一指は天を指さし、一指は地を指して、「天上天下唯我独尊《ゆいがどくそん》」といわれたという記録があります。これは歴史的事実ではないでしょう。しかし、宗教的事実としてみるとき、これはじつに見事な表現だとおもいます。

三十成道のときに、自分は、生まれた時から、天にも地にもおれ一人だったとお気づきになった。しかし、それは他の者と対立的な意味でおれ一人、という意味ではありません。すべての者は、ことごとく天にも地にもおれ一人という素質をもっている。人は生まれながらにして、修行しようとしまいと、自覚しようとしまいと、そういうことにかかわりなく、すべての存在は仏なのであるということを、成道のときの体験から逆に生まれた時を顧みて、そう表現されたのです。あるいは伝記の作者がそう表現したということは、宗教的事実として、立派な表現であると思います。

しかし、禅宗のお坊さんというものは、口が悪いものですから、唐の時代の禅宗に、五《ご》家《け》といって、雲門《うんもん》宗・潙仰《いぎょう》宗・臨済《りんざい》宗・曹洞《そうとう》宗・法眼《ほうげん》宗の、五つの禅の派があったわけですが、その一つの雲門宗の開祖の雲門文偃《うんもんぶんえん》禅師という人は、お釈迦さまの誕生のお祝いの日に、次のようなことをいっております。

釈迦は生まれながらにして、七歩周行して、一指は天を指さし、一指は地を指さして、天上天下唯我独尊といったというが、俺がその場にいたら、そんな化物《ばけもの》は一棒の下《もと》に打ち殺してやったのに、と。

歴史的事実としてそういうことがあったとすれば、雲門のいうように、お釈迦さまは怪物、化物であり、そういう化物を尊ぶようなことは仏の道ではないし、とくに禅ではない、という意味において、一棒のもとに撲殺してやる、という見識もまた、天上天下唯我独尊という境地を示すものだといってよろしいと思います。ともあれ、生まれたばかりの赤子が、まさか天上天下唯我独尊などということはありませんが、成道されたときのお釈迦さまの自覚の表現だとすれば、見事だというほかはありません。

これが、仏教における根本的な立場であろうと思います。われわれ禅門の徒は、そのお言葉を文字通りに信じまして、その追体験ともうしますか、これを自分でも自ら体験して、なるほどと納得するというところに、坐禅の行があるわけです。

悪魔と戦う

この成道ということを頂点として、これに至る道は、二つに分けて考えられると思いま す。成道に到る過程、これは、ある書物に、お釈迦さまの成道ということは降魔《ごうま》の過程である、悪魔と徹底的に戦うことによって、これをのりこえた過程である、と書かれております。ですから成道会《じょうどうえ》の講演会のとき、「悪魔と戦う人」という題で講演する先生があります。その通り、仏道を成ずる前には悪魔と戦うのです。悪魔といったところで、外在的なものばかりではないでしょう。これはすべての人が道を成ずる時には、その前において非自己的なものと、徹底的に戦うということがありうるわけです。

キリストもサマリヤの野でまさに道を成ぜんとした時に、彼の信仰を確立せんとした時に、悪魔にためされたということがあります。禅でもこういうことは、往々にしてあります。臘八接心《ろうはつせっしん》と申しまして、お釈迦さまが十二月八日に成道されたことをお手本にして、十二月一日から八日の明け方まで、まるで一日のようにしてぶっとおしで坐禅をします。その臘八接心のとき、白隠禅師の書かれた『臘八示衆《じしゅ》』というものを読む慣習になっています。

その中に庵原《いはら》の平四郎という人の話がでてきます。その平四郎という人は非常に信心深い人で、ある時、お地蔵さまを刻んで白糸の滝の傍《かたわら》に安置しました。安置し終って、持っていった弁当を開いて家族の人たちと楽しくいただいたのち、何気なしに滝壺を見ていると、えらい勢いで落下する滝の水が泡となって流れる。その泡は、一尺ばかり流れて消えるものもあれば、二、三尺いって消えるものもある。二、三間いって消えるものもある。長さはいろいろであるけれども、結局はすべての泡は消えてしまう。それを見たときに、彼はいわゆる無常を感得したわけです。

平四郎の悟り方

人生はまたまたかくの如しと。五歳で死ぬものがある、十一歳で死ぬものもある、七十、八十の長寿を保つものもある。しかし究極において人は死なねばならない。そう思ったら、矢も楯もたまらなくなったのでしょう。平四郎は一散に自分の家にかけ戻るわけです。その途中、たまたま一つの庵室の前を通りますと、中で、声高らかに沢水禅師の『沢水《たくすい》法語《ほうご》』という書物を読んでいる声が聞こえました。それが因縁というものでしょうか、普段ならなんでもなく聞き流すことばでありましょうけれど、その時には身につまされて聞いたのです。

「勇猛《ゆうみょう》の衆生《しゅじょう》のためには成仏一念にあり、懈怠《けたい》の衆生のためには涅槃三祇《ねはんさんぎ》に亘《わた》る」と。

平四郎はそれを耳にして、家にはせ帰ったわけであります。夜になるのを待ちかまえて、風呂場に入り、中から錠をおろし、坐禅の仕方も何も知りませんけれども、板の間に坐り込んだのです。手をグッと握りしめ、奥歯をかみしめて、「勇猛の衆生のためには成仏一念にあり、懈怠の衆生のためには涅槃三祇に亘る」と、くりかえしくりかえし、念仏を唱えるように唱えたのでしょう。そうすると雑念妄想が蜂の巣をつついたように紛起しました。

これは坐禅をなさったり、あるいは念仏をなさったりして、一種の定というものをご経験のある方はおわかりと思います。それを禅では魔境《まきょう》と申します。心が静かに統一されると、現在意識の働きが停止します。そうするといわゆる深層心理、潜在意識が自動的に働きだしますから、自分の予期しないことが、フイフイと出てきます。とにかく、平四郎がうんうん坐っていると、いろいろな想念が蜂の巣をつついたようにおきてきました。それに敗けてしまったらおしまいで、成道はできません。平四郎は何がなんだかわからないけれども、その妄想と真向うからとりくんで戦ったと申します。

そうしますと、いつのまにか何もかもわからなくなって、雀の囀《さえず》る声でフッと気がついてみたら、外が明るくなっています。自分の目玉が板の間の三尺ばかり向うにはりついています。おかしいな、おれの目玉があんなところにあるわい、そう思うと爪のはえ際がヒリヒリしてきました。手をうんと握り込んで、爪が肉にくいこんでいたのです。痛さを感ずる頃になると、目がスウッと平常に戻ってきました。

そこで、錠をあけて外に出て、普通の通りに仕事をしました。その翌日も、翌々日も三晩同じようなことをくりかえしたといいます。

心の中の垢がとれて

三晩目もやはり同じように、最初は妄念が起きましたが、それを徹底的に克服して、さて、朝になって外に出ると、なんとなくあたりの模様がいつもとちがいます。立木はきのうまでの立木だけれども、なんとなく自分にささやきかけているような気がします。雀の鳴き声も、きのうまで聞いたのとちがいます。

こういう心境は、たとえば朝早く起きて雨戸をあけて外へ出ると、きのうまでと同じ庭の木でも新しく感じられ、きのうまで聞きあきた犬の声でも、なんとなくうれしげにきこえてくる、そういう感じがありますが、同じように心の中から垢がとれて、こちらの鏡がきれいになっているものですから、むこうがはっきりうつるのです。

今までは汚れた鏡で、あるいは歪《ゆが》んだ鏡で、対するものが曲がったり、よく映らなかったりぼやけて映ったり、あるいは二重映しになったりしていたのが、きれいに磨ききった鏡のようになりましたから、スパッとそのままはいってきます。いかにも新しい新鮮な、今初めてお目にかかったような感じがしたと思います。そこでびっくりして、これは悟りというものではなかろうかというので、近所の禅寺にとびこみましたが、そこの和尚さんは、私はそういう経験がないからわからない、この先の原に行くと、白隠禅師という人がいるから行きなさい、といわれて、彼は駕籠《かご》を雇って興津から今の清見寺のある薩陀《さった》峠《とうげ》をこえて、原に行こうとしました。

頂上に登りつめた時に、そこで一休みというわけで、駕籠屋も一服します。彼も駕籠からでて田子の浦から三保の松原の方を眺めました。これも何べんとなく往復して見慣れた景色です。しかし、今日は仏国土のように見えました。その時、彼ははっと「草木国土《そうもくこくど》悉皆成仏《しっかいじょうぶつ》」とはこのことではなかろうか、皆仏さまになっている、これは仏の世界だ、という感じをうけて、はっきり自分の境地というものに自信を持ったのです。

それから駕籠屋を急がせて白隠禅師の処へ行くと、白隠禅師が、彼にいろいろ問題を出してみました。禅宗では公案がとおると拶処《さっしょ》というものがあります。趙州《じょうしゅう》の無字なら無字が透ると、それを手の上にのせてみろとか、二つに割ってみろとか、八つに割ってみろとか、焼いたらどうなるとか、いろいろな難題をふっかけますが、そういう問題をあびせかけたところ、彼はスッスッと皆わかってしまいます。白隠はびっくりして、近来珍しいことだ、しかもそれは僧侶でもなんでもない、禅のぜの字も知らないのに珍しいことだといって、後輩を策励《さくれい》するためにこの物語を書いたわけです。成道への過程においては、この例でも分かるように、紛起する妄念を克服しなければならないのです。

主体性を自覚する

この世の中のものは、大きく分ければ主観と客観と二つしかありません。自分の心でも客観化することができます。心理学という学問は自分の心を客観化して、これを対象的に検討する学問だと思いますが、そのように自分の心でも対象化し、客観化することができます。できるだけ客観化して行って、どうしても客観化しえないものが最後にのこる、それが本当の自己の主体というものでしょう。

客観化されるようなものは、主体ということはできません。自己の内にある客体にすぎません。これ以上は絶対に客観化されないというところまで追いつめて、そこではじめて自己の主体性というものを、はっきりと自覚するのです。お釈迦さまもそれをやられました。どうしても客観化することのできない絶対的な主体性というものは、おれ一人の個的なものではない。宇宙とともにある命だ、すべての人に普遍している心だ、このように自覚されたのです。だからお釈迦さまが、自分が一人その自覚に到達された時には、すべてのものは、ことごとく救われていたのです。そこで一仏が成道して、その立場から世界を見たところが、草木国土《そうもくこくど》悉皆《しっかい》成仏《じょうぶつ》していた、迷っているものは、一人もいなかった、といわれたわけです。

ただ、それを自覚しなければ、あれどもなきが如く、宝の持ち腐れにすぎないというだけのことです。そういう成道の過程には、悪魔との対決があり、妄想との対決があり、それを乗り超えて頂点に到達したことを悟りの境地とするならば、次には、そこから出てこなければなりません。

彼岸から此岸へ

禅門では、出山《しゅっさん》の釈迦といって、骸骨のようになってボロボロの着物を着、山から出てこられるお釈迦さまの肖像をかけて成道会を営みます。出山の釈迦というのは、山から出てくる、悟りの世界から再び現実の世界へ出てくるということです。禅に、もし上り道（向上）と下り道（向下）とがあるとするならば、どちらにポイントがあるかというと、私は下り道にあると思います。もちろん上り道は同時に下り道であり、下り道は同時に上り道でありますけれども、アクセントをどちらにつけるかというと、下り道というべきものだと思います。

ニーチェの『ツァラトゥストラはかく語りき』の劈頭《へきとう》のところに、ニーチェはこういうことを書いています。ツァラトゥストラは自分の死骸の灰を、十年かかって山の上に運びあげた。これは禅の上り道の過程でしょう。自己というものを捨て去ることだと思います。そのうえで、ある朝太陽に語りかけ、溢れんとする杯を交わす。これは不死の絶対生命を獲得したということでしょう。

そうしてツァラトゥストラは、一気に山を駆け下ります。ニーチェの有名な言葉ですが、

「聖者たちが神の死んだのも知らずに神を求めていた」というわけで、途中に森があって、その森はまだ夜半で暗かったが、ツァラトゥストラは駆け下りました。森の聖者が呼びとめるけれど、ふり向きもしません。太陽と命を一つにし、無限の命をつかんだツァラトゥストラにとって、いるかいないかわからないような、外在的な神様を模索している聖者は相手にならない、と一気に駆け下りてしまいます。

その後姿を森の聖者が批評して、「この者はさながら躍《おど》る者のごとくに行くではないか」――この言葉はおもしろいと思います。自己の本質を自覚し無限の命に充実したものは、手の舞い足のふむところを知らず、躍るがごとくに行くのです。子供が何かというとすぐおどりだすように、生命のあふれるのを感ずるものは、躍るがごとくに行くというのは当然でしょう。

ツァラトゥストラもそのように下りてゆきました。そして、煤煙の立ちこめている工場の町で、彼は二つの柱に渡した綱渡りを見るわけです。その場で見ている大衆に向かって、初めて彼は超人の思想を説きます。そういうところが『ツァラトゥストラはかく語りき』の初めの方にあります。

私は竹山道雄氏の翻訳でこれを読んだのですが、竹山氏はその二つの柱に渡した綱というのを、生物進化の過程を象徴するものだと、注をしております。原著の注にそういうことがあるのかもしれませんけれども、私は人生そのものが二つの柱の間の綱渡りだと思います。生と死、善と悪、迷と悟と綱渡りをやっているのだと思うのです。ニーチェもやはり下りる方に力点をおいているのではないかと思います。頂上から一気に駆け下りて、煤煙の町に下りて、そこで綱渡りをしている大衆にむかって超人の思想を説く、そこに彼のねらいがあるのではないかと思うのです。

「十牛図」のこころに学ぶ

禅もまたその通りです。

出山の釈迦というのも、成道を境にして山を下りてゆくのではないでしょうか。私は今、仏教は〝出山〟しなければいけないのではないかと思うのです。禅では、悟ったら、その悟りをも否定して現実の世界に戻ってきて、そこでいわゆる灰頭土面《かいとうどめん》、七転八倒して一切衆生とともに寝つ起きつします。そこに禅のポイントがあるので、それを禅心の生活とい

十牛図

うのです。

禅の修行の過程を示したものに、「十牛図」というのがあります。それは自分の本心、本性、仏性というものを牛にたとえまして、その牛を見失って、それをさがす。ついに発見した、つかまえた、かいならした、そして牛と自分と一体になった、という順序で進むのですが、その頂上に当るところは、円で表現してあり、何の絵もありません。その前には牛の絵がかいてあり、頂上にはなにもありません。それから今度はおりていきます。

一番最後の十番口の図には、布袋《ほてい》さんが大きなお腹を出して杖をついて、ひょうたんなどぶらさげ、子供と一緒に遊んでいるところが書いてあります。昔の禅者が見た禅の理想の境地というものは、そういうところでしょう。悟ったといって、いつまでも悟りの世界に尻をすえているならば、白隠禅師のいわゆる「古廟裡《こびょうり》の香炉《こうろ》」です。

古廟裡の香炉とは、山の中の破れ寺にある香炉で、だれがいったい線香を立てるのか。線香を立てるものもいなければ、その機会もない。まったく役にたちません。俺は悟った悟ったといっておさまりかえっているものは、その古廟裡の香炉と同じだと白隠さんはいっているのです。では、どういうふうに山を下りるのか、これが問題です。

実は人間のつかみ方に問題があるのではないでしょうか。仏教を信じるもの、仏教を体解するものは、人間とは何かという歴史の問いかけに、明確に答えなければなりません。それが山を下るということではないでしょうか。それが出山の釈迦の意義ではないでしょうか。

私は、こういうことを聞いております。第一次世界大戦の後で、多くの人々が、人間はなぜこういう残虐なことをしでかすのだろう、ということを強く反省したといいます。そしてブーバーとか、エーブナーとかいう人たちが、それは人間というものを、考える主体としてつかんだことに原因があるといいました。考える主体として人間をつかまえるとは、単独の個人として人間をつかまえることです。しかし、これはルネッサンス以来のつかみ方ではないでしょうか。個我の自覚と称して、得意になっている自覚の仕方ではないでしょうか。

われと汝の対話

それでブーバーなどは、人間は話す主体である、対話する主体であるということを言い出して、例の有名な「われと汝」ということを言い出しました。われと汝と対話するには、共通の地盤がなければなりません。われと汝として話し合えるというためには、同じ場、同じ次元に立たなければできません。四十年も前に哲学者が気づいてそういうことを主張したけれども、それはまだ今日の社会生活の上に具体化されていません。

しかし日本には、昔の庶民生活にそういうことがありました。講談や落語でよく知っている例ですが、塩原多助がアオという馬と別れる時に、「アオよアオよ」といって、自分のおふくろさんか、女房か恋人とでも別れる時のように、さめざめと泣いて別れを惜しむ場面があります。馬の耳に念仏というけれども、この馬は大粒の涙をポロポロ流して、やはり別離の情に耐えないおもももちを示しました。浪花節《なにわぶし》語りが扇をたたきながらやる場面です。庶民の間にはそういう生活がありました。

宗教家などは、もちろんそうでしょう。有名な栂尾《とがのお》の明恵《みょうえ》上人は、捨てられた一枚の紙に対して「不可思議《ふかしぎ》、不可商量《ふかしょうりょう》」といって、合掌されたということがあります。紙一枚に対して、汝を感じ、仏の生命を見たのです。

われと汝の関係とは、生命の交流がなければできません。そういうものを江戸時代の庶民、ことに宗教家は持っていました。それがなぜ失われたのでしょうか。もちろん、これは明治維新によって、廃仏毀釈《きしゃく》ということが行なわれ、徹底的に仏教が弾圧されて、そのあとに西欧流の生活様式が入ってきて、われわれが西洋流の生活組織を進歩的なものだと信じこんで、自分の長所も捨ててしまったこともあるでしょう。とくに戦後、アメリカの占領政策によって、生命共同体社会が個人本位のそれに作りかえられた事情もあるでしょう。

宮本武蔵に象徴されるもの

ユングの弟子で、スイスの分析心理学者にカルフという人がおります。日本でも『箱庭療法』という本が翻訳出版されていますが、そのカルフさんの夫人が、東大の文学部の二世の学生につれられて、私のところへ見えましたとき、こういうのです。

「ヨーロッパの教育は知的な教育だ。これはすでに極度まで発達してもう発展の余地はない。これ以上はもう崩壊するしかない。これを救うのは体験の教育だ。私は、毎年日本にその体験の教育を学ぶために来るのです」と。

私はそれに対して率直に、日本人として、まことに光栄に存じますけれども、あなた様のお求めになるものは、今の日本にはありません。日本人は今でもあなた方の国々を先進国だと思い、あなたの国のものを一所懸命とりいれて模倣につとめています。日本本来のものは、捨ててしまいました、もうどこにもありません、といいましたら、彼女はこう言いました。あなたは禅をやるのでしょう、禅はなんですか。体験の教育ではないのですか。

まず一本、真向《まっこう》からお面をとられました。あなたは剣道をやられるそうだけれども、剣道は何ですか、これは体験の教育ではないのですか。まさにその通りです。また小手を一本取られました。欧米の進んだ人はそういうことを考えております。

前述したレゲット氏も、私は日本人では、宮本武蔵を一番尊敬していますといわれた。私はびっくりしました。宮本武蔵をどうして一番尊敬しているのですか、と尋ねたら、宮本武蔵には、日本文化の独特なものが、最も顕著に表われていると言うのです。宮本武蔵のどこに、日本文化の独特なものが最も顕著に表われているのですか、とききましたら、彼はこういうのです。

「私どもの国の文化は部分的で、一切のものの根底をなすところの根源的一なる文化がない」というのです。武蔵は剣道を修行することによりそれをつかみ、そこで特別に師匠がなくても、絵をかけば絵がかける、書をかくと書がかける、彫刻をやれば彫刻ができる。彼ほど根源的一になるものをつかんで、それを発揮したものはいません。これは『五輪書《ごりんのしょ》』に武蔵が自分で書いています。五十のころになって自分は道というものをつかんだ、そしてそれからこれを試みてみるに、師無くしてあらゆる芸道をやってみると、何でもできる、と自分で書いています。実際に、この『五輪書』の字の美しさ。絵の見事さ。あの絵でも一流のものでしょう。しかも彫刻をやる、鍔《つば》をつくる、鉄の彫刻までしています。刀の付属品も実に見事なものです。

レゲット氏は最後にこういいました。「日本はヨーロッパのおかげで今日のような高度な文化を味わうことができたが、しかし恩返しをしていない。今ヨーロッパの文化は部分化のために、崩壊の危機に瀕している。ここで新たなる世界文化というものが創造されなければならぬ。それには日本がもっている独特の根源的で統一的な文化を寄付すべきではないか」と言うのです。

これはわれわれにとってありがたい言葉です。ところで、さてどこにそんなものがあるのか。自分のふところの中を見直して、空財布では仕方がありません。私は仏教徒の責任は重大だと思います。

無限の命に支えられた私

先の話にもどりますと、ブーバーなどのいった、考えるものとしての人間、つまり単独の個として人間をつかむというやり方が、今日あらゆる層におこなわれています。いわゆる都市化現象というものは、そのはなはだしいものでしょう。私はむずかしいことを言わずに、簡潔に常識的に、こういうふうに考えてみました。

私というものがここにおります。これは個であることは疑えません。しかし、個である私は、どこから出てきたのでしょう。天から降ったわけでもありません。地の中からわいたわけでもありません。両親から出てきたのです。両親がなければ、私という個はありません。その両親はどこから出てきたか、同様にまたその両親から出てきた。その祖父母はどこから出てきたか、また同様に両親から出てきました。

このように一なるものは二になり、四になり、八になり、十六になり、三十二になり、六十四になり、等比級数的に増えていきます。それをたとえば三千年遡った時に、人間の一代を二十五年と仮定してみて、三千年を二十五で割ると百二十になるのです。それに自分を加えて、百二十一代遡った時に、個たる私に含まれた親のトータルはいくつになるのか、これは莫大な数です。二六五四九に零を三十二つけた数になります。三千年遡っただけでそれだけになるのです。

人類は三千年前に始まったわけではありませんから、なお何万年、何億年、類人猿からアミーバーまでさかのぼるといくらになるか。無限というほかはないでしょう。つまり、私という個的存在がそれほど無限の命に支えられて、初めて個でありうるのです。時間的にみると、そういうことになりましょう。

そういう個の生命が、どうして維持されているかというと、われわれは人参を食い、大根を食い、牛を食い、馬を食い、鳥を食い、魚を食い、そういうもののおかげで命を保っています。水を飲むことによって地下水と命を一つにしています。太陽光線にふれることによって、太陽系統そのものと命を一つにしています。空気を吸うことによって、無限の空間と命を一つにしています。

つまり、空間的には無限の空間と私と一つになっています。時間的にも、空間的にも、歴史的にも、社会的にも、一切のものと命を一つにして、初めてわれという個がありうるのです。

私はどこから生まれてきたか、無限の生命の系列を踏みしめていなければ、私はありえません。無限の空間と生命を一つにしていなければ私はここにありえません。これを仏教では四恩《しおん》といいます。一切衆生の恩です。一切衆生の恩恵をもってここにかくある。つまりわれわれは個にして同時に全体的です。

無限円のど真中

その全体的なものを表現するのに、禅では円相をかきます。丸を書きます。これは仮に丸で表わすのですけれども、実は無限の半径で描いた円であって、本当は、周《まわ》りがない円です。ない円では書いたことにならないから、仮に書いてみるけれども、あれは無限円です。無限円のど真中に自分がいます。どなたもど真中にいます。そんなバカなことがあるか、円の中心は一つしかないではないか。しかし無限の半径をもって描いた円の円心は、無数にあっても重なりあいません。それは現実にためしてみるならば、毬《まり》をもってきて試してみればよくわかります。毬に点を打つ、どこに打っても真中です。端っこに打とうと思っても打てません。

お釈迦さまが天上天下唯我独尊といわれたのもこれでしょう。お釈迦さまが自己の生命の本質を悟られた時の境地を、後世の経典の作者が、肉体的自己の生まれた時のことに、逆にもどして記したのです。生まれたときオギャアと一声叫んだ、そのオギャアという叫び声が、天上天下唯我独尊の叫び声でありました。そう表現したとうけとってよろしいでしょう。

それはお釈迦さまだけではありません。ミミズだって、みんな天上天下唯我独尊です。ただかれらは受動的に生きるだけで、自覚的に主体的に生きることができません。人間のみ一人あって、これを自覚することができます。自覚するから、主体的に、能動的に生きることができます。天上天下唯我独尊という自覚をもって生きることができるのです。この自覚をもたないものは、ただ投げだされたままの生命で、受動的に生きているにすぎません。その違いがあるけれども、本質的には誰でも何でも、天上天下唯我独尊、宇宙のど真中におれ一人が立っている、無限の尊厳をもった存在だということは疑いないでしょう。

お釈迦さまがこの真理を喝破された時に、かつてインドを征服したアーリアン民族の思想であるところの、排他的な自我主義と申しますか、アーリアン民族だけが最高の民族だという、その思想はぶち砕かれてしまいました。そしてその思想に基づいているところの、階級制度というものにも非常な衝撃を与えました。これは出山の、山から下ったお釈迦さまの、真理挙掲《きょけい》の叫びが現実政治に打撃を与えたのです。お釈迦さまが静かに人間の本質を説かれた時、アーリアン人種の構築している権力構造というものが動揺した、と私は思います。

同時にこの事実の挙掲によって、従来伝統化したバラモン族によってつくられた「我」の哲学が、がらがらと音をなして崩れたのです。その中で顕著なことは、造物主の思想、一切のものは造物主という超越者があってつくられたという考えは、正しくないとして壊されたことです。すべては原因があり、条件があって、その組合せでできたものである。造物主が任意にオールマイティの能力を発揮してつくったものではない、というのです。お釈迦さまが因縁の思想をとかれて、これが正しい真理だ、正しい見解だと言われた時には、旧思想は崩壊し、動揺せざるを得ませんでした。

2――菩提心をおこす

場と所に呼応して生きる

「我」の哲学に対して、仏教では「諸法無我」といいます。すべては流動変化する、固定した動きのとれないものは何もないのだ、といわれました。こういうことは、お釈迦さまの悟りにもとづいていわれていると思います。こういう人間観が、お釈迦さまの言われた天上天下唯我独尊、自己の尊厳性の自覚ではないでしょうか。

禅門では坐禅をすることによって、定力《じょうりき》を練り、心を鏡のような状態にしてその澄みきった心境で物の真相を見る、それがいうところのいわゆる般若《はんにゃ》の智慧・観自在の力です。こういう尊いものをもっていながら、どうしてこれを自分自身の生活に発揮できないのか。われわれがそういう人間観に基づいた社会生活を営み、政治生活を営み、文化生活を営むということになれば、この世がそのまま仏国土になるとおもいます。お釈迦さまの成道ということは、そういうふうにして、山を下る、山を出ることではないでしょうか。インドの森の文明というものが、お釈迦さまが山を下って民衆の中に下りこむことによって、自然に打ち砕けていくということになったのも、そういうところにあると思うのですが、どうでしょうか。

つまり、今われわれが一番望まれているのは、人間とは何ぞやということに関して、正しい答えをあたえることです。そして人間というものを軸にして文明を転回させていく、そこに世界が、歴史が変っていくことです。

われわれは一つの場に生きています。その場において個が所を得ます。そういうことがはっきりつかめて、場と所とあい呼応して生きることができるならば、どんな時代でも、生きがいのない時代はないのではないでしょうか。生きがいがない、生きがいがないというが、生きがいとは何ぞや。歴史という場において、その呼びかけに答え、自己という個のいる所をはっきりつかめばいいのではないでしょうか。

それは公害のど真中であろうと、戦争のど真中であろうと、その中に、場において個というものを生かす道というものはあるはずです。根本的なものは人間観です。人間回復と言ったって、どんな人間を回復するのか。ガブリエル・マルセルという人が『人間、それ自らに反《そむ》くもの』という本を書いています。しばらく前に日本でも翻訳されましたが、その本にも、彼は今日のことを喝破しています。かつてニーチェが「神は死んだ」と言った、今やその言葉にこだまするがごとく、人間が死に瀕している、マルセルはそう書いています。

人間を死に瀕せしめた元凶は——マルセルは元凶という言葉はつかっておりませんけれども——何ものであるか、マルセルに言わせれば、それは抽象化ということです。つまり、知識的にものをつかむ場合には、みな抽象化されます。さっき私が申し上げたように、人間というものは、時間的には、両親から生まれるという生命のつながりと、一切の空間的存在と一体になるということがなければ、現実の私というものは生きていられないでしょう。もし実存というならば、それこそ現実的存在ではないでしょうか。それを時間的な生命の系列をちょんぎり、横の空間的関係をちょんぎり、個だけをひっぱり出す、これを抽象化というのではないでしょうか。

だから純粋に単独な個人などというものは、空想的、抽象的存在です。そんなものはどこをさがしたってありはしません。自分を抽象化し、一切の系列関連から任意に抜きだしてしまって、ああこれが個人的な自覚だなんて、何をいうのかといいたいくらいです。このごろの評論家や偉い方々がお書きになるのには、日本人は個我の自覚が足りないとよくありますが、冗談ではありません。個我の自覚のたりないものが、どうして生きていられるのですか。東と西では個我の自覚の仕方が違うのです。

人間自らを殺すもの

ヨーロッパ的な、抽象的な、一切の連関から抽き出し、「おれ」を土台にして考えるから、一切のつながりが切れてしまう。そこで、法という紐や帯を持ってきて、個々をつなぎあわせねばならないのではないでしょうか。これはヨーロッパ社会の構成ではないですか。日本もその真似をしたものですから、つながりがありながらこれを忘れてしまって、抽象的存在になったのです。

マルセルのいうように、人間自らを殺すもの、人間それ自らにそむくものは、実に人間の知識ではないでしょうか。その知識を一番尊いものとして、小学校から大学に至るまで、入学試験は知的検査ばかりではないでしょうか。学校を卒業して就職する場合にも、知的な検査ばかりです。人間は知的だけではないでしょう。情操もあれば意志もある。知的に劣っているけれども、情操的に優れた人間はいくらでもいます。知的にはマイナス以下かもしれないけれど、意志において優れたものもいくらでもおります。

知識によって科学が進歩してきたのですから、これはこれとして尊重しなければなりません。けれども、知識だけでもって、人間の価値判断をするということは、少なくとも知情意というものがあるとすれば、その三分の一で全体を測定するのだから、必ずしもこれが正当な方法ではないと思うのです。しかも本当の知識というものは、たとえば先のカルフ夫人ではないけれども、体験の教育という場合に、水なら水を体験するには飲んでみる、そして、この水は冷たい、この水は甘い、この水は渋い、この水はなまぬるい、このように自分の身をもって体験して学ぶものでしょう。

しかし、今の知的な教育では、そんなことは問題になりません。水を分析して、水素と酸素に分けます。これは水素2、酸素1の化合物です。そこでH_2Oという分子式をたてます。これで水という知識が成り立つ。その方がガップリ飲むより高度だといいます。しかし、H_2Oと百万枚印刷してばらまいたところで、ちっとも田圃も潤《うるお》わなければ、それを何枚飲んだところで喉も潤いません。ガブリと飲めば喉を潤します。それをまけば、植木も息づくのです。

つまり知的に分析したものは、もう原存在の生命を失っているということです。それは死物です。もっとも、分析するから応用の範囲が広まる、原則がつかめるから、いろいろな方面に応用できる功徳がありますけれども、そのものが死んでいるということをわすれてはいけません。これは根本的な致命傷ではないでしょうか。抽象化というものが人間を殺したのだ、とマルセルはいいますが、まさにその通りでしょう。

全体的人間

今、仮に人間というものを、個人主義的な人間、階級主義的な人間、民族主義的な人間と、こういう分析の仕方をしてみますと、民族的エゴイズム、階級的エゴイズム、個人的エゴイズムというふうに、本来一体の人間が三つに分裂して、この三つのエゴイズムが、社会的にも、歴史的にも争っているのではないでしょうか。お釈迦さまが成道された時に体得された人間とは、そういうものでなくて、全即個、個即全というものであって、具体的にもっと生き生きしたもの、宇宙とともに生きている、そういう全体的人間とでもいうべきもの、それをお釈迦さまは体得されて、これを仏法の根本原則として打ち立てられた、私はそう思うのです。

そういう意味において、今こそ、仏教を信ずる者、仏教を体解する者が、レゲット氏のいわれた通り、新たな世界文明を創造するために、この原理をひっさげて、その創造に参与しなければいけないと思います。西洋文明によって育てられたわれわれが、恩返しのためにも、それをやらなければなりません。それが成道の他の一面である、山を出る、悟りを背にして山を出る、ということの意味ではないかと、私は思うわけです。上り道の面よりも、下る面の方に力点をおきましたけれども、私はそのように成道の意味というものを考えます。

3——この一瞬を生きる

〝鼻汗組〟を笑う

禅寺などで新入社員の訓練が行なわれたり、いわゆるモーレツ特訓が実施されたりするのは、体験的教育の重視の表われだとおもいます。知識の抽象性、抽象的な知識の無力さを思い知ったというか、行や体験が強調されることは、一応結構でありますす。結構ではあっても、では行や体験をすれば、瓦でも玉になるかといえば、そんなものではないとおもいます。

だいたい抽象的ということは、多くの事実のうちから特殊性を捨て去って、その共通点だけを取りあげることだから、どうしても現実の体験から遠く離れてしまうのは当たり前です。従って、一般的な法則のようなものを知るという特長もあるわけですが、その代りに知るものと、知られるものとの二元相対観に陥ることと、その対象が死物になってしまう欠陥を免れることができません。「分かった」という日本語は、分析ができたという分別知の成立したことを意味するものだとおもいます。しかし、一つの事が「分け」られれば、それはもう一つのものとしての生命は失われているのです。

行とか体験とかいうことには、そのような抽象化はないものでしょうか。私はあるとおもいます。坐禅でもよい、滝行でもいい、それを対象として「自己」が「行なう」とすれば、それは行や体験における抽象的態度とはいえないでしょうか。

むかし、坂本竜馬が、朝から晩までやたらと忙しく勤皇の事に動きまわっていなければ、維新の大業に従事していないかのようにおもっている連中を、〝鼻汗組《はなあせぐみ》〟と嘲弄《ちょうろう》したという話を、真山青果《まやませいか》の小説だかで読んだ記憶があります。その〝鼻汗組〟は、一種の抽象的態度なのだとおもいます。

つまり、知るとか、考えるとかいうこと自体が抽象的なのではなく、行をし体験をすることが、必ずしも具体的だというのでもありません。また知るとか考えるということが、行とか体験とかに劣るのでもなければ、行や体験が、知にまさった高い次元のものでもありません。

たとえば坐禅とは、坐禅に坐せられる体験だといわれますが、もし「自己」があって、その「自己」が「坐禅」を対象的に行なうならば、それは抽象化された似而非《えせ》坐禅であって、本当の坐禅体験とはいえないでしょう。それに反して、知るものと知られるもの、考えるものと考えられるものとが完全に一致して、考えるものなくして考え、知るものなくして知るならば、それは知るの実践、考える行為であって、至道無難《しどうむなん》禅師が歌われたように、「主《ぬし》なくて見聞覚知《けんもんかくち》する人を　生き仏とはこれをいうなり」ということになるでしょう。

志を立つ

〝鼻汗組〟式に、やたらと体を動かすだけが尊いというなら、下等動物ほど頭脳をつかわずに体を動かしていますから、それらは人間よりもエライものといわなければなりません。そんなバカげたことがあるものでしょうか。

そうではなくて、行、体験の根底にあって、そのことを基礎づけているものが問題なのです。それによって行、体験の価値が決められるものなのです。

『坐禅儀《ざぜんぎ》』に、「夫《そ》れ学般若《がくはんにゃ》の菩薩《ぼさつ》は、先ずまさに大悲心を起し、弘誓《ぐぜい》の願《がん》を発《おこ》し、精《たけ》く三昧《さんまい》を修し、誓って衆生《しゅじょう》を度《ど》し、一身ために独《ひと》り解脱《げだつ》を求めざるべきのみ」と、その劈《へき》頭《とう》に強調しているのは、そのためではないでしょうか。

三輪執斎《みわしっさい》という人は、徳川時代の有名な陽明《ようめい》学者ですが、その『士心論《ししんろん》』に、「ある人、問うて曰く、学をなす道如何《いかん》。曰《いわ》く、士心を立つ」とあるのも、それでありましょう。およそ的《まと》なき矢は、ムダ矢です。

この弘誓《ぐぜい》の願《がん》、あるいは士心を立てるということ、それが行や体験の根底にあって、それを基礎づけ、そして価値を決定するものでなければなりません。

一例を挙げれば、昔から「可愛い子には旅をさせよ」といわれます。しかし、人生の苦難を味わったものが、必ずしも練れた立派な人格者になるとは限りません。苦労したもので、ひねくれて、煮ても焼いても食えない、ズル賢いものもずい分たくさんいるのを見れば、よくわかります。人間の事行には、その意味で発菩提心《ほつぼだいしん》、士心《ししん》の確立ということが必要なのです。「発心《ほっしん》正しからざれば万行空しく施《ほどこ》す」といわれるのはそのためです。三輪執斎は「士心立って衆欲消す」といっています。私どもの道業の基づくところは、ただここにのみあるといってよいでしょう。

志は「心指し」であって、心の指し示す方向でありますから、それはまだ心がその方向を向いたというに過ぎません。道に志したといえば、道というものに心が指し向かったというだけのことであって、まだ道そのものを体得したというわけではありません。

前に述べたように、「士心を立つ」とか、「志の確立」とか、「発菩提心」とか簡単にいうけれども、孔子のような大聖人でも「十有五にして学に志し」たものが、ようやく「三十にして立っ」たといっています。つまり、学に志してから、それが如実に確立するまでに、十五年を費しているのです。

それでもまだ「四十にして惑わず」という境地に達するには、さらに十年の努力精進が必要でありました。孟子のいった威武《いぶ》にも屈せず、貧賤《ひんせん》にも移らず、富貴《ふうき》にも淫せずという境地に至るには、われわれ凡夫にとっては、まさしく死ぬ苦しみです。

天命を知る

孔子は歳《よわい》五十に達した頃、かつて自己の択《えら》んだところの志が、実は天の命そのものであるという自覚に達したと、みずから述懐しています。このように、志とは自己の奥ふかいところに自覚された天命だという、天命と志、天と人との相呼応するところに、いわゆる「回心」が実現し、百八十度の転回が行なわれるのです。これはただ単に宗教者の自覚であるばかりでなく、私たちの自覚でもなければなりません。

三輪執斎が「士心立って衆欲消す」といったことは、士心すなわち志とは、そのように多くの欲求を体統する統一者であるから、志がないものは、その人生に統一的生活というものはあり得ないという道理を述べたのです。志という諸々の欲求を統一するものがなければ、人間も豚か猫のように刹那《せつな》刹那の衝動のままに、埒《らち》もない欲望の充足をしていくほかはないでありましょう。

もし人格を成立させる基本条件が統一にあるとすれば、志なくして人格なしといってよいでしょう。しかし、志にも高下、尊卑さまざまあって、必ずしも一様ではありません。衆生済度の菩提心を燃やすのも志なら、石川五右衛門たらんとするのも志であるには違いありません。

ゆえにこそ、正見《しょうけん》、正思惟《しょうしい》ということが、そこにどうしても必要になってくるわけです。

修行というのは、志とか願心とか菩提心とかいうものを、日常の一つ一つの事行のうえで百錬万鍛することと考えていいとおもいます。修行というからには、ただの空理空論をもてあそんでいていいということは、絶対にあり得ませんが、そうかといって〝鼻汗組〟式に、ただやみくもに身体さえ動かしていればいいというものでもありません。剣道家の例でいえば、理兵法もいけないが、畜生兵法もいけないのです。

人間の修行とか行為とかいうものは、願心や理想、志が、時々刻々にその特殊な環境を通じて、自己自身を形成しつつあるものといってよいのです。だからその願心や志の確立されていない行為や修行は、極端にいえば、ただ肉体運動であって、最小限に申して人間の行為でも修行でもないでしょう。

前に孔子の十五歳にして学に志したことを書きましたが、それが五十にして天命であることを自覚し、そこではじめて天人合一の境に達したということは、自分が任意に選んだものとおもった志が、実は自己を超えたところ、学者風のむずかしい言葉でいえば、絶対に他なるものから発せられたものであることを自覚したことです。

志の発現者は絶対に他なるものであると同時に、実は真の自己の根底であるところの絶対的な主体でもあります。その意味で、絶対他者即絶対自者という、根源的な主体性の自覚に到達したのが、天命を知るということの意味です。

「事上の磨錬」

王陽明《おうようめい》が「事上《じじょう》の磨錬《まれん》」ということを強調したのは有名ですが、それがどんなものであるかは、『伝習録《でんしゅうろく》』中の次の一章を読めばよく知ることができます。

「陸澄《りくちょう》問《と》う。主一《しゅいつ》功は、書を読むが如《ごと》きは則《すなわ》ち一心、書を読むの上にあり、以《もっ》て主一となすべきか。先生曰く、色を好めば則ち一心、色を好むの上にあり、貨を好めば則ち一心、貨を好むの上にあり、以て主一となすべけんや。これいわゆる物を逐《お》うなり。主一に非《あら》ざるなり。主一は専《もっぱ》らこれ一箇の天理を主とす」。

主一というのは読んで字のごとく、一を主とすることで、これはもと程伊川《ていいせん》の用いた言葉です。伊川によれば、「適《ゆ》くなき之《こ》れを一と謂《い》う」とあります。心がどこにも適《ゆ》くところがないように集中し、そのもの、それに成りきった状態が主一なのです。禅でいえば三昧のことだといってよいでしょう。

そこで陸澄《りくちょう》が、本を読むときは読書三昧、客を応接するときは接客三昧になっていれば、主一といってよろしいでしょうか、と質問したのです。ところが王陽明はそれに答えて、では恋愛に夢中になってわれを忘れ、競馬に凝って家庭を顧みない、それらを主一といえるか、どうか。それは〝物を逐《お》う〟というものであって、けっして主一ではない、こういっているのです。「主一は専らこれ一箇の天理を主とす」ということは、道元禅師の言葉でいうと「自己を運《はこ》びて万法を修証《しゅしょう》する」のは〝物を逐《お》う〟ものであり、「万法来《きた》って自己を修証する」のが〝天理を主とす〟るものでしょう。〝天理〟とは、天地の条理ですから、〝物に行く道〟ということでもありましょう。

王陽明は別のところで、「ただ念々天理を存することを要《もと》むるは、即ちこれ立志なり」ともいっています。念々天理を存するとは、どういうことでしょうか。

白隠《はくいん》禅師の言葉でいえば、「一切時、一切処に正念工夫《しょうねんくふう》・不断相続《ふだんそうぞく》し」て、「たとい乱軍の巷《ちまた》に入り、歌舞遊宴の場に臨むといえども、無人の曠野《こうや》に独歩する底の一念不動を修する」ことがそれに当たるでしょう。

この一瞬を生きる

一切時、一切処において一念不動であるとは、正念を相続することです。しかも正念は無念であるから、一念不動とは、実は念々流動して一瞬の停滞もしないことです。「無相の相を相として、往《ゆ》くも帰るもよそならず、無念の念を念として、歌うも舞うも法《のり》の声」と白隠禅師の歌われたのも、その意味でしょう。

一念の停滞もなければ、よく無念であり得るし、無念であれば、絶対に他なるものが即今の一事一行に全身をあらわしてくるから、それは念々に天理を存することになる道理です。

現在の一瞬において、当面する事行に全力を注いで余念がなければ、そこには已れというものはまったくありません。その自己が完全に死にきったところに、かえって自己を否定する根源的主体の自己肯定があります。そこにこそ、私どもの生命が露堂々《ろどうどう》と全身を露出して、躍動しているのです。

このように、現在から現在へと不連続的にその一瞬一瞬を充実するからこそ、事行の無限の連続が可能なのです。過去の必然を未来の自由に転ずる転回点としての今を、永遠の今として実践的に行為的につかむことができなければ、私どもは自己の人生を荘厳することはできないでありましょう。そしてまた一瞬一瞬の現在を完全に充実しきることができなければ、畢竟《ひっきょう》、人生は空しいものになってしまうでありましょう。

『古事記』によると、須佐之男命《すさのおのみこと》が、根の国の母神を慕って泣いたとき、青海原を泣き乾《ほ》し、青山を泣き枯らしたといいます。そのとき宇宙はただ〝泣く〟の一事行だけになってしまったのです。また天照大神《あまてらすおおみかみ》が天岩戸《あめのいわと》に籠《こ》もられ、そのお出ましを願うために、神々がそれぞれに已れを尽くしたのですが、最後に天鈿女命《あめのうずめのみこと》が舞われたとき、神々はドッと笑われました。その刹那、高天原《たかまがはら》はどよめいたといいます。禅の言葉に「沸湯鼎中《ふっとうていちゅう》　冷処なし」とか「歩歩清風起る《ほほせいふうおこ》」とかいいますが、この壮大な笑い、この雄渾《ゆうこん》な泣きこそそれです。大丈夫の一事一行は、すべからくかくありたいものとおもいます。

III　三法印の世界――即の論理

1——諸行は無常なり

八万四千の法門

わが茅庵《ぼうあん》に朝参《ちょうさん》に来られる二、三の居士《こじ》、大姉《だいし》のために、私が『臨済録《りんざいろく》』を講じた時、たまたま「涅槃《ねはん》」という言葉が出てまいりました。そこで拡大的に三法印《さんぽういん》にふれてみたところ、参会者は講後、「初めて聞いた」と、感想をもらされました。もちろん参禅弁道の士が、理論仏教ないし仏教思想を弁《わきま》えていることは、必ずしも必須の要件ではないでしょうから、それを知らなかったからどうというわけでもありません。しかし、知っていても害になるものでもないと思います。

たとえば、臨済《りんざい》を趙州《じょうしゅう》と比較してみますと、なんといっても、趙州和尚の境涯の高さ、深さを肯《うべな》わざるを得ません。これはおそらく五十歳代で亡くなった臨済と、百何十歳まで生きた趙州との年輪の差とでもいうべきものではないかと思います。にもかかわらず、あの『臨済録』に見る透徹した明快さ、少しも曖昧なところのない冴《さ》えぶり、一刀両断の切れ味のあるのは、若くして経論を学び、仏教理論に通暁し、法理に徹底した頭脳の所産、つまり法理をふまえた禅活動だったからだと、私は感ずるのです。

ことに現在のように、諸説横行し、イデオロギー論争が世界的対立まで起こしているとき、いかに個人的に禅的境涯が高くとも、それらの思想判釈《はんじゃく》ができなかったり、曖昧《あいまい》だったり、二つを足して真ん中から割るような、初等算術的態度ではだめだと思います。

禅をやりながら仏教理論も知らない、初めて聞いたというのではやはり困ります。ここで三法印に触れながら、しばらく禅談義をしてみようと思います。

仏法には八万四千の法門があるといわれます。その膨大な教理を一言にして道破《どうは》したり、定義づけることとは、とうていできるものではありません。「自性《じしょう》」を知ろうとする禅門でさえも、一千七百余の公案《こうあん》があると、お師家《しけ》さん方はご自慢なさる。ところが肝腎のお釈迦さんは、仏法の教理について何とおっしゃったかときかれると、「四十九年一字不説《いちじふせつ》」といって、喰《く》い逃げてしまいます。

そうかと思うと、一本の金波羅華《こんぱらげ》を拈《ねん》じて、「われに正法眼蔵《しょうぼうげんぞう》、涅槃妙心《ねはんみょうしん》、実相無相《じっそうむそう》、微妙《みみょう》の法門あり、不立文字《ふりゅうもんじ》、教外別伝《きょうげべつでん》なり」とか言って、弟子の摩訶迦葉《まかかしょう》尊者に、いかにも意味ありげに極意を授けたとも申します。

これではお釈迦さんは精神分裂症ではないかといわれそうです。ところが実際は、「仏法の教理」をわからせるには、こういうよりいたし方のないものなのです。

たとえば『中庸《ちゅうよう》』に程子《ていし》の言葉として、「之《これ》を放《はな》てば則《すなわ》ち六合《りくごう》にわたり、之を巻けば退いて密にかくる」とあります。ここにある「之」が、まさしく「仏法の教理」そのもののようなもので、これを放てば天地にも拡がり、八万四千の法門にも展開しますが、これを収むれば密にかくれ、一花にも一指にも、さては一瞬目にすら納まるものです。四十九年、横に説き縦に論じ、数万言を費してもなお説明することもできないかとおもえば、片言隻《へんげんせき》句《く》すら必要としないのが「仏法の教理」です。

「縁起論」「実相論」と三法印

それは水を飲んでみて、飲んだもの自分自らが、その冷暖を知る以外に知りようのないのと同じことなのです。親しく実践してみてこれを自覚しない限り、何の意味もないものです。と同時に、また他面からいえば、何人《なんぴと》をもうなずかせるだけの説得力がなければならぬことも事実です。インドに、因明《いんみょう》という論理学が発達した所以《ゆえん》もそこにあるのでしょう。一字不説が本当なら、八万四千もまた真実なのです。

しからば、そのような「仏法の教理」をかりに説くとしたら、どういえばよいのでしょうか。およそこの世の中にあるものは、例外なしに時間的存在と空間的存在とに分けられるとおもいます。つまり時間的にそのものの発生の次第をみるか、あるいは空間的にそのものの存在する道理、本質を明らかにするかのどちらかで、そのものを知ることができます。

たとえば、その発生、変遷、発展など時間的経過を知ることによって、これはどうして出来たかとそのものの真相を語る立場と、そのものを分析し、総合してこれは何で出来ているかと、その性質を科学的に究明しようとする立場とがあります。前者を「縁起《えんぎ》論」といい、後者を「実相《じっそう》論」と申します。

そうは言っても、現実の世の中にある具体的な存在は、この両面を別々にもっているのでないことは、申すまでもありません。両者はたとえていうなら、水と波の関係のようなもので、体《たい》と相《そう》との関係で一体的にあるものです。それをわれわれが、知的にまたは理として把握する場合には、いま言った両面から見る外《ほか》はないのです。それは知というものが本来的に「判断」を本質とするものであり、「理」が「事割《ことわ》り」であるからです。

さて、「仏法の教理」を、人間の相対的な知識で時間的に理解したものが、三法印の第一である「諸行《しょぎょう》は無常なり」という原理であり、空間的に把握したものが「諸法《しょほう》は無我《むが》なり」という原理です。これに「涅槃《ねはん》は寂静《じゃくじょう》なり」という原理を加えたものを、三法印と申します。

ついでに申しておきますが、世間で証書などを取り交すとき、それに印判を押して信《しん》憑性《ぴょうせい》を表わすように、印とは決定不動を示します。従って三法印とは、この三つの原理こそまことの仏の真理であり、これに反するものは邪説であるという基準を立証するというような意味だろうと思います。

存在を発生の理由から時間的にみる縁起論と、存在の真相本質を空間的にみる実相論とは、いまも言うように一事実の両面、水と波、体と相の関係であって、これを別々に分離してみるべきではありませんが、しかし、強《し》いて一応分けていえば、インド仏教では世親《せしん》の法相《ほっそう》系が縁起論に立つものであり、竜樹《りゅうじゅ》の三論系が実相論的だと申せましょう。従って中国では発生史的に言って、三論系と関係の深い天台の哲学は、実相論に属するとみてよいと思います。というのは、天台学の土台を築いた中国の北斉の恵文は、有名な三論宗の学者だからです。

それと対比して、世親の『十地論《じゅうじ》』が中国で訳されて十地宗という一派が起り、その十地宗から華厳《けごん》宗が生じたという歴史上の系列からいえば、華厳の法理は縁起論的だといってよいでしょう。しかしこれはあくまで一応の分け方であって、厳密な学問的区別ではなく、両者はあたかもあざなえる縄のようなものだとご承知おきを願いたいと思います。

時間的縁起の一面を強調すれば差別に偏し、空間的実相の一面観に陥《おちい》れば平等に偏ります。そこで両者相交わる一点に、寂静なる涅槃《ねはん》と呼ぶ中道の「即《そく》」の世界があるというように、三法印は立体的に見るべきだと考えます。

諸行無常

さて第一の法印は、「諸行《しょぎょう》は無常《むじょう》なり」ということですが、この場合の「行」は〝おこない〟のことではなく、梵《ぼん》語のサンスカーラ、つまり〝すべての存在〟を指しています。

それと同時に、「行」には〝遷流〟、つまり移り変るという意味もあります。従って、諸行無常といえば、すべて存在するものに常住不変のものは一つもない、すべては流動し変化していて、固定的な、不変不動の実体があるのではない、ということです。

われわれは普通、いつも相対している現実の世界は、何人《なんぴと》も否定することのできない実体的な存在だとおもっています。けれども本当はそれは川の水のように、いつも流れているもの、瞬間といえども停止してはいないものです。むかしギリシアの哲人が、万物は流《る》転《てん》するといったと申しますが、すべて存在するものは、必ず時間を帯びているから流転変化するのです。

時間というものは、それ自身で独立してどこかに在るものではなく、存在に具足されているのです。たとえば、ここに一本のペンがあるとすれば、それはだんだん古くなり、磨滅してゆき、しまいには使えなくなってしまいます。仏教では成《じょう》・住《じゅう》・壊《え》・空《くう》といって、物が成立し、それが一定期間存続し、やがてそれが破壊し、ついに空無に帰することを教えておりますが、すべての物がそのような過程をたどるのは、畢竟《ひっきょう》、物は時間という作用を帯びているからです。まことに、すべてのものは流れるからこそ、生命があるのだと申せましょう。

たとえば一粒の米、一片の肉でも、もし常住不変の固定したものならば、人間の生命は一日も存続できないでしょう。米がごはんとなり、ごはんが消化されて液体になり、その液体中の養分が吸収されて人体が養われるのは、それが常住不変ではなく、たえず流動変化しているからです。

どうして計算したのか算定の基準は知りませんが、古来一昼夜の間には六十四億九万九千八百の刹那《せつな》があるといわれております。指一本はじき、目を一つまばたくほどの間も、停止することのない動的状態にあるのが世界の実相です。では、その流動変化は何によって起るのでしょうか。

因縁論と因果論

仏教の専門語で、この世の中を「法界《ほっかい》」と申しますが、その場合の「法」とは、因縁《いんねん》の法則を指します。原因が結果となり、結果が原因となるといったあんばいに、因縁の法則によって、うつりかわっている世界が法界ということでしょう。釈尊が「よく縁起《えんぎ》を見るものは便《すなわ》ち法を見る」といわれたのは、その意味です。

縁起とは、因縁《いんねん》によって存在が生じたり、滅《ほろ》びたりしていることをいいます。この世の中の一切《いっさい》のものは、それだけが単独で存在するものは一つもありません。すべては持ちつ持たれつ、相互依存の関係にあります。この世の中を縦に時間的に見るとき、すべてのものはそのように原因と条件とによって、たえず無限の変化をしているのです。世間ではこの辺のところを誤解して、仏教は因果論だと申しますが、本当は因縁論であって、因果論ではありません。

因果論というのは、物理学の方でももはや古典に属する旧い説で、すでに量子論、電子論の起こったところに成り立たなくなり、その急場を不確定性原理によって救ったのです。たとえば、ここに一粒の大根の種があります。この種にはその太い根が二尺にも伸びる素因が含まれております。その因と果とを直接むすびつけて、この種は必然的に二尺の大根になる、と断定するのが因果論です。

仏教の方はそうではなく、その種に二尺の大根となる素因のあることは認めますが、それを畑に蒔き、肥料を与え、太陽光線にふれさせ、雑草を取り除くというような〝縁〟を与えることによって、大根という果を生ずると、考えます。しかし、その縁の如何《いかん》によっては、二股の鬆《す》の入った食べられないようなものにもなれば、太く長い立派な大根にもなる。その結果は不確定のもので、要は縁に因《よ》って決まるとするものです。ですから、「修《しゅ》善《ぜん》のものは上り、修悪《しゅあく》のものは堕《お》つ」（正法眼蔵）といわれるのです。

一切《いっさい》はこの因縁果の運動、因と縁の展開した結果として、限りない差別の相を現しているのです。そして「もし此《こ》れあれば則《すなわ》ち彼れあり、もし此れなくんば則ち彼れなし、もし此れを生ずれば則ち彼れを生ず、もし此れを滅すれば則ち彼れを滅す」と『中阿含経《ちゅうあごんきょう》』にあるように、一切の存在は、相互依存の共生関係にあるものと考えられます。

さて、縁起論にも業感縁起《ごうかんえんぎ》、阿頼耶《あらや》縁起、真如《しんにょ》縁起、法界縁起など、およそ四種類ほどあるようですが、それらを検討してみますと、それぞれ前者を批判しつつその欠陥を除き、さらに精確の度合を加えていったものといえますから、結局、法界縁起が究極のように考えられます。

事事無礙の世界

この法界縁起は、またの名を無尽《むじん》縁起ともいい、実相と縁起の統一されたものともいわれますが、その要点をかいつまんで申しますと、諸法すなわちすべての存在は、みな真実の相（すがた）であり、ことごとく真如の体を離れたものはない、だから、すべての存在はどんなものでもみな絶対である。一塵一挨《いちじんいちあい》といえども真如実相でなければなりません。

絶対ならば、そのもの以外の何ものもあるべきはずはない、言いかえれば、他のあらゆる存在は、すべてこの一絶対に内包的に存在するものでなければなりません。たとえていえば、ちょうど網の目のようなもので、すべての網の目は互いにつながり合っていて、その一つの目を捉えて挙げれば、網全体が持ち上げられるようなものだ、というのです。この関係を「帝網重重《たいもうじゅうじゅう》　主伴無尽《しゅばんむじん》」と申します。

あるいはまた、その網の目には珠《たま》がついて、ちょうど鏡と鏡とを向かい合せたように、一つの珠は他の珠にうつり、そのうつった珠がまた元の珠にうつる、といった具合に無限に映じ合うのにもたとえられます。そのように、一つの存在が他に対して主となり、他の一切を伴とする、また他を主として見るときは、こちらが伴となる、というように互いに主伴となり、その関係が重なり合って限りないのを法界縁起《ほっかいえんぎ》と申します。

従って、縁起という時間的関係がここまでくると、差別的存在の相互共生の関係、すなわち空間的な因果関係になってまいります。ここでは目に見えないような一微塵《みじん》でも絶対ですから、その中に全宇宙が入ってしまいます。すべてが伴として内包されるからです。このような物と物との相即相入《そうそくそうにゅう》する関係を、「事事無礙《じじむげ》」と申します。

要するに、一つ一つの存在の中に一切が含まれ、一つ一つが絶対であるとともに、その一つは他の一切の存在の支持によって成り立つ、とでも申しましょうか。相互は統一者であると同時に、被統一者でもあるという縁起関係を法界縁起といい、それが縁起論の最高峰をなすものといってよいと思います。

諸行は無常である、すべての存在は流動し変化する、という原理を追求してまいりますと、このように時間的なものが空間的なものへと転じてしまうような結果になりました。そこで当然、それではその空間的なものは何か、という諸法の実態を追求する段取りになります。ここで第二の法印たる、諸法は無我なりという命題に取り組むことになります。

2――諸法は無我なり

迷いの世界

禅門の立場は、あくまでも目前の具体的事実から出発しているのです。切れば血の出るような実生活のうえでの、生々しい事実に立っています。

それなのに現実を離れた空論だと感ずるのは、それほど多くの人が人生を逆《さか》さまに見ている証拠です。『般若心経』などに「顚倒夢想《てんどうむそう》」といっておりますように、世間の人の方が実際は流転《るてん》しているのに、不動の実体があると考えたり、無常であるものを永劫《えいごう》性のものと勘ちがいしているのです。その顚倒夢想を起こさせる元凶は何ものかというと、それがほかならぬ〝我〟なのです。われわれは〝我〟を中心としてすべてを判断し処理するから、道元禅師のいわれたように、「自己を運びて万法を修証《しゅしょう》する」迷いの世界が現出するのです。

われわれにはこの目で見える現象の背後に、何か永遠の実在とでもいうものが潜《ひそ》んでいるかのように考えたい気持ちがあります。それを実在というか本体というか、あるいは神というか仏というかは別として、とにかくそういったこの世界を支配する何ものかを求めます。その探求がだんだん進んでまいりますと、外に求めていたものを内に向かって求めるようになり、その結果、われの本体、すなわち〝我〟というものを考えるようになりまず。ですから自然の中心に永遠不動の実体を考えるように、われの内に不動の中心としての固まりが形づくられたのが〝我〟だといってよいでしょう。

仏教では〝我〟とは「常一主宰」の義だと申します。常は常住不変のこと、一は唯一無上の存在でお山の大将おれ一人ということ、主宰とは一切のものを、思うように使う主人公のことです。ひっくるめていえば、何でも思うようになる常住不変の実体ということで、それが〝我〟というものです。

通常われわれは、そういう〝我〟を中心として、一切のことを処理しているわけです。しかしお釈迦さまは、そのようなものはない——諸法は無我であるのが真理だといわれたのです。諸法とは、もろもろの存在のことで、それを法というのは、万物はすべて因縁の法則によってのみ存在するからです。諸法は無我であるというのは、要するにすべては持ちつ持たれつの関係においてあるので、それ自身に固定した自性《じしょう》はないということです。自性というのは、世間でいう実体ということの仏教語だと考えていただけばよいでしょう。そして実体とは、自己以外のものによっては左右されない、自己自身の固有する原因によって自己が発生し、存続し、死滅してゆくような実在のことであり、そのような力を自己の内部にもっているもののことを考えておいていただきましょう。無我とか無自性とかいうときは、そういう実体はないということになります。

諸法の実相

われわれが現実に経験する世界の物事は、何一つとして他のものと無関係のものはありません。すべては相依《あいよ》り相扶《あいたす》け、持ちつ持たれつの関係で、互いに因となり縁となって生《しょう》滅《めつ》しております。原因と条件とが合すれば物事が発生し、因と縁とが滅すれば従ってその事物も滅します。それが現実の世界の根本的な構造であり、その真実の相、すなわち諸法の実相なのです。

ところが無我ということを単純素朴に考えて、生物的な、または心理的な意味での〝われ〟そのもののないことだと思いちがいをして、それは現実に存在する身体をも否定する空理空論だとか、また、われがなくてどうしてこの世の中が成り立つのか、というようなご迷論もないではありません。それが誤解であることは、右に述べたところでおわかりだとおもいます。

われわれが通常〝われ〟と考えているものは、仏教古来の言葉でいえば、肉体的には地・水・火・風の四つの物質的な原素と、五蘊《ごうん》といわれる色《しき》・受《じゅ》・想《そう》・行《ぎょう》・識《しき》の五つの心的作用とが、因縁によって結合したものだといわれております。早い話が、肉体的な自己の存在を考える場合、これを生んだ親との関係を抜きにしては考えられないし、またその肉体を存続してゆく食物その他の維持要素なしに、われ在りとも考えられません。他との関連、つまり社会的連帯性をまったくもたない単独の〝われ〟などは、頭で考える以外にはとうてい実在できないのです。

それでは意識において〝われ〟は成り立つかといえば、われという意識の成り立つ根底の深いところに、全体性とでもいうべきものが横たわっていること——つまり、われという意識そのものが、歴史的・社会的産物だということは見逃せない事実です。そういう意味でも、無我ということの真実性が知られます。私どもには、このような点は昔流の仏教の教理よりは、かえって和辻哲郎の『倫理学』などの方がよくわかります。

同書の上巻には、個と全との関係や、人間存在の否定構造としての空の意味などが、実によく書かれておりますから、心ある人は一読されるといいと思います。高楠順次郎博士なども、無我の思想は、理で考えると哲学になり、事で考えると倫理になるといわれておりますが、無我という仏教の原理は、そういう角度からも真理性が証明されます。

うじ虫も仏光燦然たり

それはとにかく、諸法の実相、いいかえればすべての存在の真実の相は、無自性《むじしょう》であり、無我であり、因縁によって変化流転してやまないものであることは確かです。実相は無相だという天台の空観哲学は、このような立場の学問的体系だといってよいでしょう。

このように世界を横に空間的に見るとき、無自性となるのですが、それを消極的に表現すれば、一切存在の真実の相は無相であって、きまった形相はないということになります。

従って、無相においてある一切は、相互連関というよりは、神も仏も人も獣も草も木も、すべては同一質であり平等のものであって、宇宙はまったく一つのものということになりましょう。

しかし、それを裏返して積極的にいえば、だからこそすべて在るものは、ことごとく真実の相、すなわち諸法は実相なのであって、猫も杓子も柱も敷居も、そのままでみな真理の象徴であり、それぞれが絶対的存在でないものはないことになります。万物はすべて固定した〝われ〟はなく、従って個そのもののうえに全を体現するとでも申しましょうか、諸法無我の真理は、一切実相の世界を現出するのです。

このようにして、現実の世界の一切が、自性なくあるがままの無相の相として、かえって一事に絶対を現ずる底の実相だとするならば、一切はことごとく存在の意義をもち、一々が壁立万仞《へきりゅうばんじん》の唯我独尊《ゆいがどくそん》の大光明を発しているといえましょう。雪隠《せっちん》のうじ虫も仏光燦《さん》然たる輝きをもつものといわなくてはなりません。

このように、現実世界の一切を挙げて一事に摂受することができるということは、要するに無我、無相の正見によるからであり、そして無我無相の正見によることのできるのは、実によく縁起を見るからであります。こうして一切無我の本性平等なる実相無相そのものが、柳緑花紅《やなぎはみどりはなはくれない》、千態万様の差別相として展開してくるのが、時間的な縁起論の立場であります。時間的なものから空間的なものに転じたのが、ここでまた逆転して、空間的実相から時間的縁起へと再帰することになります。

3——涅槃は寂静なり

涅槃とは

これまで申しましたように、縦に時間的に縁起する差別の面を強調した〝諸行は無常なり〟とする諦観《たいかん》も、横に空間的に諸法の実相を平等一実と見る〝諸法は無我なり〟とする諦観も、いずれも正しい見解ではありますが、しかしその反面、それは一滴の水を酸素と水素とに分けて、そのおのおのの性質を知的に承知したようなもので、抽象的な知識としてはわかったが、それは死物としての水でしかないという欠陥を免れません。

また、諸行は無常であるから、この世の中のこと一つとしてあてになるものはなく、諸法は無我であるから、人の世はままならぬものだというような、半面観からくる悲観説も出てくる惧《おそ》れもあります。縦と横、時間と空間、縁起と実相、無常と無我とに分けることによって、一応もののの道理はわかりはするが、〝理〟は元来が〝事割《ことわ》り〟であって、一つの事実を割ってしまうのですから、現実の事実そのものではないのです。

そこで時間即空間、空間即時間、縁起即実相、実相即縁起という、水素と酸素との化合した生水《なまみず》そのものに当たる、一実相の活世界がなければなりません。そこに第三の法印たる「涅槃は寂静《じゃくじょう》なり」という真理があるとおもいます。そういう意味では涅槃寂静という真理は、第一、第二の法印に対して第三のそれとして、同じ地平に横に並ぶものではなく、前二者を総合する高次元のものと見るべきだと思います。

涅槃とはニルヴァーナの音訳で、吹き消すとか、吹き消した状態などを意味する言葉だといわれます。煩悩の束縛からまったく解き放たれ、生死の迷いを根こそぎ吹き消してしまった、悟りの境地をいったものです。寂静とは、それによって一切の精神的な動揺がなくなり、感覚的な不安も消えてしまって、静まり返った波風も立たないような境地でしょう。従ってそれは、生・老・病・死によって代表されるような、人生の現実的な一切の苦悶から解放された自由の世界であって、生死を解脱《げだつ》しているからこそ、かえってよく生じ、よく死するところの、生死自在の活三昧境《かつざんまいきょう》だと申してよいとおもいます。

無常だからあてにならぬ、無我だからままにならぬ、畢竟《ひっきょう》人の世は空しいものだというのは、分析的抽象観からくる誤った考え方で、それはあてにならぬものをあてにし、ままにならぬものをままにしようとする、〝我〟の執着による錯誤です。あてにならぬものはあてにせず、ままにならぬものはままにしようとしないという諦観に立てば、ままにならぬところに自由を見出し、あてにならぬところに安定が得られる道理ではないでしょうか。

涅槃寂静の世界は、〝即〟の立場から、一切のものをあるがままの姿で受けとり、日々これ好日として受用する境地だと言ってよいとおもいます。

即の世界

つまり、平等一枚の立場だけに固執するのも邪見なら、万象差別の面だけを真実だとするのも謬見《びゅうけん》です。平等にして差別、差別にして平等、真空にして妙有《みょうう》、妙有にして真空という不二《ふに》の法門こそ、涅槃寂静の即の世界でなければなりません。日常生活の上で、手を振り足をあげ、エヘン、オホンといって行動云為《うんい》しているこの一瞬、即今・即処がそれであると申せましょう。

そこでは一微塵によく全世界を納め、一事行によく天地宇宙をも包むことも、容易にできましょう。臨済禅師のいわれた即今・目前・聴法底《ちょうぼうてい》——いま・ここで・このおれが、という即今即処を充実したものこそ、永遠に生きる無限のいのちであるといえるのもその故であります。それを理としてではなく、事実として一超直入《いっちょうじきにゅう》的に把握し、体得するものが禅だと言ってよいと存じます。

ここに至っては、諸行無常、諸法無我、涅槃寂静の三法印は、実は一実相印であって、絶対一元の事実を受用するために、仮に分って三段として表現したものに外ならないのです。

過去・現在・未来にわたるいつでもという時間をいまの瞬間につかみ、空間上の至るところであるどこでもをここに踏みすえ、老若、男女のだれでもという人類普遍の原則をわれにおいて見出す——言いかえれば、時間と空間とが十字に交叉するその中心の一点において、この生ま身のわれが活動する、その自由無礙《むげ》のはたらきこそ、涅槃は寂静なりという究竟地《くぎょうち》であろうと存じます。

ここにおいては寂静の涅槃は、この現実を遠く離れたはるかの彼方にあるのではなく、手の舞い足の踏むこの即今・即処がそれだということになります。それは遠い彼方の夢の世界ではなく、刻々のこの苦しい現実が、それだということになります。目的と手段とがまったく一つであるところの、日々好日の生活は、ここにのみ味わわれます。

凡夫の日常生活即諸仏の大涅槃

白隠禅師は『毒語《どくご》注心経《しんぎょう》』の「究竟《くぎょう》涅槃《ねはん》」というところで、「人を陥《おとしい》れるの坑子《きょうす》、年々満つ」といっておられますが、涅槃寂静などというと、いわゆる沈香《じんこう》もたかず屁もひらないような、何の活動もない絶対安静状態だと誤解して、そういう落とし穴におち込む人間が多いことを嘆いております。「又これ鬼家《きか》の活計《かっけい》、なんの臭皮《しゅうひ》べつにか充《み》てん」ともいわれ、そんな空々寂々の死んだような境地は、幽霊の生活ぶりであって、腐った足袋《たび》ほどのネウチもないと喝破されます。

そうではなくて、「一切衆生、生滅の心、直《じ》きにこれ諸仏の大涅槃」であると示されています。われわれが毎日泣いたり笑ったり、苦しんだり喜んだり、生きたり死んだりしている変転きわまりないこの凡夫の日常生活こそが、そのまま諸仏の大涅槃だといわれます。ここに至っては、真必ずしも真ならず、妄《もう》また妄ならず、事々ことごとくが如来行であり、物々みな真正涅槃ならざるなしと申せましょう。これを即の世界と申してよいと存じます。

実相と縁起、平等と差別は、このようにして元々一実の両面というべきものであって、決して相対する別物ではありません。理として分ければ両面になりましょうが、事実としては不二一体、即の絶対事実以外には、何も存しないといってよいでしょう。一事一物そのあるがままの差別のままで差別を超えた一如未分のものであり、一切の現象がそのまま直ちに実相である世界は、まったく亡言絶慮《もうげんぜつりょ》、一字不説というほかはありません。即の世界とはそのようなものなのです。

そのような境地を理・事一体観、行一如に体究練磨するものが、究竟涅槃の道としての禅であります。あらゆる分別知を捨てて、その即の境地、実相を自己化することが、禅ということなのです。

4――常に茲《ここ》において切なり

真空の妙用をうたう

禅門の年頭行事は、まことに厳粛であり、そして奥床しいものだとおもいます。私が高歩院に来た頃は、寺の関係者はみな青峨室老漢（私の師、関精拙老師。元天龍寺管長）の知り合いで、皆さん地位のある方ばかりでご高齢でもありましたから、正月でもどなたもお見えになりませんでした。ですから私一人で払暁《ふつぎょう》暗い中に『理趣分《りしゅぶん》』を説し、大般若《だいはんにゃ》を転じました。のちにだんだん居士《こじ》たちが詣《まい》って同座してくれるようになりました。身を切られるばかりの寒さの中の天龍僧堂の行事を、今さらのように懐《なつか》しく憶《おも》い出します。

青峨室老漢は、偈頌《げじゅ》の巧者ですから、毎年御題を詠《よ》み込んで年頭祝聖《しゅくしん》の頌とされました。昭和二十乙酉歳、つまり遷化される年の歳首、御題《ぎょだい》は「社頭の寒梅」でした。

喜び見る寒梅、社頭に発《ひら》くを
春光わずかに動いて袈裟に上る
戦時、惟《た》だ迎年の旬のみあり
雲餅《うんぺい》を供せず、趙茶《じょうちゃ》を供《く》す

物資のなかった時代の情景が、まざまざとうたい出されております。
白隠禅師は、『毒語注心経』の「是故空中」の段に、次のように頌されております。

凍餒《とうたい》百余の僧鳳凰《ほうおう》
各々臘扇《ろうせん》を展《の》べて新陽を賀す
壁に碧目紫髯《へきもくしぜん》の老を懸け
瓶には氷肌《ひょうき》玉骨《ぎょくこつ》の芳を入る
寒、琴唇《きんしん》を鎖《とざ》す黄鳥《こうちょう》の口
暖、禅榻《ぜんとう》に浮ぶ赤鱗盲《せきりんもう》

編茅《へんぼう》、包み贈る自然薞《じねんよ》
封圏《ほうけん》、寄せ来る養老糖

白隠禅師は、前文で空見《くうけん》に陥ることの弊害を誡《いまし》めたうえで、真空《しんくう》の妙用《みょうよう》をこのように述べられたのです。おそらく白隠禅師がこの段を提唱されたのは、正月のことだったのでしょう。禅寺の正月風景を、手にとるように叙しているではありませんか。

正月だというのにボロボロの破れ衣を身にまとって寒さに慄《ふる》え、天井粥《てんじょうがゆ》で飢餓線上にある雲水たちが、歯を喰いしばって修行に励んでおります。それは竜蛇《りょうだ》混淆ではありましょうが、おしなべて鳳凰児《ほうおうじ》であり、麒麟児《きりんじ》であった、と白隠禅師はいわれるのです。その中には疲労困憊《こんぱい》の末、怨みをのんで中道に斃《たお》れ、今日、原の松蔭寺《しょういんじ》に見るごとき白隠禅師を囲む墓石の主になった人もいることでしょう。

それらの人々が、元旦払暁《ふつぎょう》、賀扇《がせん》を献じ、寒梅を生けた祖師像の前で新年の挨拶を交し、梅湯茶礼《ばいとうされい》をいたします。鶯はまだホーホケキョと鳴くまでには至っておりません。しかし、正月だけは特に許されて火鉢が出され、部屋を暖め、年賀の客を迎える準備がされています。遠方で来られない人は、自ら鍬を取って掘ったであろう自然薯《じねんじょ》や、縁起のよい養老糖などを送ってまいります。

この禅門の行事こそが、真空の妙用《みょうよう》なのだ、と白隠禅師は私どもをきつく誡《いまし》められます。

「あるべきよう」の教え

いくら末世でも乱世でも、正月ともなるとやはり、おめでとうといいたくなります。クリスマスでは馬鹿騒ぎはできても、気分を一新することはむずかしいようです。ところが正月になると、昨夜までの悪戦苦闘はサラリと忘れ、「やあ、おめでとう」と、なんとなくゆったりとした新春気分になるから妙です。そしてその半面、〝今年こそは!〟と、改まった厳粛な気持ちにもなるから不思議です。

元弘元(一三三一)年、大燈国師《だいとうこくし》五十歳の元朝です。一人の僧が進み出て、

「元正啓祚《げんしょうけいそ》、万物みな新《あらた》、衲僧《のうそう》門下、何の祥瑞《しょうずい》かある」

と国師に質問しました。

——正月はまことにめでたく、天地間のありとあらゆるものが、みな新しく生まれ替っ

たように感じられます。けれども私ども禅僧の正月には、どんなめでたいことがあるのでしょうか。

といった質問です。

これに対し、大燈国師は、

「方袍円頂《ほうほうえんちょう》」――袈裟をかけ剃髪《ていはつ》し、坊主は坊主らしくすることよ。

と答えました。

これは一見やさしいことのようですが、その実、容易なことではないとおもいます。もしこれが実行できれば、世の中の紛糾の大半は片づくでしょう。

栂尾《とがのお》の明恵《みょうえ》上人《しょうにん》は、

くりかえし大蔵経《だいぞうきょう》をよみたるに

あるべきようの六字なりけり

と、詠《うた》っておられます。いいかえれば、お釈迦さまの教えは、あ、い、る、べ、き、よう以外にはないといわれるのです。

いま大燈国師が「方袍円頂」というとき、僧は僧らしく、正月には正月のようにあれ、といわれるのです。孔孟《こうもう》の説く政治の要諦も「万物その所を得る」にあるのだとおもいます。「方袍円頂」は、ただ宗教生活の極意であるばかりでなく、聖人の説く政治の原理もそこにあるのですが、さて、現実にはどうでしょうか。古往今来、この地上にその理想境が実現されたためしはありません。

即今・目前・聴法底

それはわずかに聖哲の心境として具現したに止《とど》まるものです。まことに平凡なことほど、かえってむずかしいものと見えます。

いま、この問話《もんな》の僧もそうです。大燈国師の答えを聞くと、ナーンだ、そんなことか、そんなことは、ずっと昔から言い古されていて、何の価値もあるもんか、とばかり一歩を進めて申しました。

「与麼《よも》ならば則《すなわ》ち年々これ好年、日々これ好日、なんとしてか却《かえ》って新あり旧あることを得ん」

——それなら、いつも同じようによい年であり、よい日であるはずですが、どうして旧い日を嫌い、新しい年を歓迎するのでしょうか。

理窟としては、たしかにその通りです。あるべきようがいいのなら、大晦日だって元日だって変りはないのが本当でしょう。何も元日だからといって、急に借金取りが鶯の声を出すわけではなし、借金が棒引きになりもしません。柳が紅になり、花が緑に変じ、学生が教授に一転するわけもありません。それならば特に松竹を飾り雑煮を祝って〝おめでとう〟と、手放しに喜ぶにも当りますまい。こう考えるのにも、一理はあります。

ところが、大燈国師は申しました。

「一回拈出《ねんしゅつ》すれば、一回新《あらた》なり」

——わしの手許にはなァ、旧いものなどありはせん。その都度《つど》みな新しくなるのだ。

こういって、すました顔です。

聞くたびに珍らしければほととぎす
いつも初音の心地こそすれ

と、古歌にもあります。

天地の主人公となって、時ぎり場ぎりの絶対現在に生きるものにとっては、正しく一回拈ずれば一回新《あらた》なりです。茶の湯でも「一期一会《いちごいちえ》」と申します。

少なくとも真実に生きようとするものにとっては、いつも新しい事実に当面しているのが本当でしょう。正確にいえば、新旧を超絶した絶対現在に生きることこそが、真実の生き方というものです。大燈国師が「一回新なり」といった〝新〟とは、新旧相対の新ではなく、絶対現在における絶対現実を、仮に〝新〟といったまでです。

こういわれてはさすがの理窟屋の僧も、

「謂《いい》つべし、堯風舜日《ぎょうふうしゅんじつ》、和気靄然《あいぜん》、樵唱漁歌《しょうしょうぎょか》、共に豊年をたのしむ」

――まことに仰せのようならば、日うららかに風は和《やわ》らぎ、木こりも漁師も、みんな等しく鼓腹撃壌《こふくげきじょう》して、太平を寿《ことほ》ぐことでしょう。

こういって一礼し、引き退《さが》るほかはありませんでした。大燈国師は、あくまでも止《とど》めを刺すことを忘れません。

「まさに知る、汝はこれ、その言を識ることを」

――どんなにうまいことを言うても、行為に現れなくては駄目だぞ!

古人は申しました。

「われ常に茲《ここ》において切なり」と。

即今《そっこん》・目前《もくぜん》・聴法底《ちょうぼうてい》、常にここにおいて切なるほかに、ここも人生もないとおもいます。

Ⅳ 『葉隠』を読む——四つの誓願

1――自己否定の論理

武士道とは死ぬことと見つけたり

むかしの武士たちは、等しくみな「武士道とは死ぬことと見つけたり」という覚証をもっていました。そして、それは立派な自己否定の論理になっていなければなりませんでした。私は三十四、五歳の頃、「さむらいの道」と題し、「葉隠の時間的構造」について書いたことがあります。未熟の文章ながら、その要点をここにふりかえってみたいと思います。

『葉隠』はいまさら説明するまでもありませんが、鍋島藩士田代陳基《つらもと》が、当時すでに佐賀城北金立村に隠棲していた先輩、山本常朝に叩参《こうさん》した士要を、前後七年の永い間丹念に書きためた筆録です。その由来については、世上の刊行本に譲るとして、とにかく『葉隠』は「一言一句張りつめた調子の高い金玉の声の連続」（岩波文庫『葉隠』上巻はしがき）ともいうべき奇観《きこう》の逸書であります。大隈侯はこれを「奇異なる書」「奇妙なる経典」と呼んだとのことですが、事実私どもはこれを読むたびに、一種名状すべからざる熱血のたぎるのを覚え、粛然たる士気に打たれるのが常です。

『葉隠』の全文約一千三百節、その「どこを切っても鮮血ほとばしる」（岩波本）生命のある文字ですが、私はその要訣《ようけつ》は「四誓願」「死ぬ事」「端的只今の一念」の三節に収約し得ると思います。この三節こそ『葉隠』の精粋であり、その真生命でなければなりません。

およそ『葉隠』を読むほどの人は、「武士道というは死ぬことと見つけたり」という劈《へき》頭《とう》の一節の、その調子の高い魂に打たれない人はないでしょう。この一句頭こそ、ひとえに『葉隠』の骨髄であるばかりでなく、実に日本士道の精粋です。「卜伝百首《ぼくでん》」に、

ものゝふの学ぶ教《おしえ》は押しなべて
その極みには死の一つなり

という如く、死を明らめることこそ、日本武学の真骨頂でなければなりません。

死ぬとは、もちろん肉体的生命の抛却《ほうきゃく》を意味します。けれどもただそれだけに尽きるとするならば、おそらくその真意を逸するものでありましょう。それは、その言葉に引きつ

づいて、

「毎朝毎夕、改めては死に死に、常住死身になりて居る時は、武道に自由を得、一生、越度《おちど》なく、家職を仕果すべきなり」。

とあるのに徴しても明らかでありますが、さらにこの言葉を吐いた常朝居士その人について一考すれば、その心はより明瞭でありましょう。

道元禅師と『葉隠』

山本常朝は深く道元禅師に私淑し、その禅風に叩参《こうさん》、審《つまびら》かであったといわれますが、宜《むべ》なる哉《かな》、その邃養《すうよう》のほどは一千三百節の随処にうかがわれるのであります。一見矯激に見える言葉の底に、却《かえ》って顚倒夢想《てんどうむそう》を破析した真正の見解が露呈され、浅膚《せんぷ》に感ぜられる文字に、実は驚くべき含蓄の深さがあります。

この一節などもそうであります。死といい、狂死といい、要は二つに一つの場合は迷うことなく踏み込んで死んでしまえと訓《おし》えるのでありますが、それはいったい何を意味するのでしょうか。

「武士道というは死ぬことと見つけたり」という言葉を、私は当時、「自己をあらしめる根源への還帰でなければならぬ」と考えました。

というのは、自己というものが存したまま、その自己が行なうところの武士道では、自己と武士道とが二つになり、対象化され概念化された武士道になってしまって、武士道本来の生命を失った形骸にすぎないと思うからです。

武士道を行なうという場合、自己はあくまでも否定されていなければなりません。自己は武士道の中に死にきっていなければなりません。武士道と、これを行なう自己との対立を越え、武士道が自己をその根底から否定しつつ、己れを顕現することが、「武士道というは死ぬことと見つけたり」ということの真義であります。

これを道元禅師の言葉でいうならば、「身をも心をも放ち忘れて仏の方に投げ入れて、仏の方より行われもてくる」ということになるでしょう。あるいは、「万法進みて自己を修証する」ことだ、といってもよいと思います。

私は以前、人々はしきりに自己否定をいうが、しかし、そこを通じて自己を修証する点の覚証が少しも見られないことを指摘したことがあります。

「武士道とは死ぬことと見つけたり」とは、自己が武士道という過去から、現在を通じ、そして未来へと流れる日本文化の伝統の中に死にきることであり、そこへ溯源《さくげん》することだといってよいでしょう。

それは自己をして自己たらしめる、懐かしい生みの親のふところに帰ることであり、生命の源流に帰一することであります。私どもは自己に死することによって、逆にその底を貫く、大いなる伝統的生命に生きることができるのです。私どもはそのように、まず自己という閉ざされた殻を破って、過去からの抜きさしならない歴史と伝統に、しっかりと足を据《す》えなければなりません。

最近の若い人たちは得意げに、体制変革を叫びます。それはいい、体制などというものは、その時のよろしきに随《したが》ってつける衣裳のようなもので、いつも同じものを着ていなければならぬ理由はありません。

しかし、そこには時のよろしきに随って衣裳を着がえてゆく、主体がなければなりません。歴史と伝統の根底を貫いて流れているもの、それがつねに体制の創造的維新を可能にするところの原理であります。変転きわまりない中に、不連続的に連続する一貫性があり、その不動の根底に立って変転の形成を調整してこそ、民族、人類の創造的発展があるのです。それは一即多・多即一に一体性を形成するもので、あらゆる体制を超越し、階級対立を超え、政治組織をも超えるものであります。そこにおいては絶対に矛盾する階級も、矛盾対立のままに自己同一を保つのです。

四誓願

「武士道というは死ぬことと見つけたり」とは、過去からの伝統の中に死にきることだと私はいいましたが、一面、過去はあくまでも過去です。それはすでに過ぎ去った死物にすぎません。過去からの必然性だけに縛られて何らの自発性をもたないならば、いかに歴史・伝統とはいえ、それは単なる感傷主義、単なるリバイバルにすぎないでしょう。それだけに陥るなら、私どもは生命のない物質と同じことになってしまいます。

少なくとも過去からの歴史・伝統の中に死にきったなら、その根底から「仏の方より行われもてくる」ところの、未来への創造的な発動がなければなりません。

ここに『葉隠』に「四誓願《しせいがん》」というものの存する理由があります。四誓願こそ、『葉隠』

の訓《おし》える「後へしざらぬもの」としての、未来への逞《たく》ましい起動力なのです。

「我等が一流の誓願、一、武士道においておくれ取り申すまじき事。一、主君の御用に立つべき事。一、親に孝行仕《つかまつ》るべき事。一、大慈悲を起し人の為めになすべき事」というのが、『葉隠』の訓《おし》える四誓願です。

『葉隠』は、それにつづいてこういっています。

「この四誓願を、毎朝仏神に念じ候《そうら》えば、二人力になりて後へはしざらぬものなり。尺取虫のように、少しずつ先へにじり申すものに候。仏神も先ず誓願を起し給うなり」。

「武士道というは死ぬことと見つけたり」という、過去からの伝統の中に死にきったわれなきのわれは、この誓願を起動力として未来に向かって、一歩も「しざらぬ」決意で出発するのです。

四誓願の内容そのものには、ここでは深く拘泥する必要はありません。仏者は「衆生《しゅじょう》無辺誓願度《むへんせいがんど》　煩悩無尽誓願断《ぼんのうむじんせいがんだん》　法門無量誓願学《ほうもんむりょうせいがんがく》　仏道無上誓願成《ぶつどうむじょうせいがんじょう》」の四つをもって誓願としています。誓願は、願望であり、志であり、目的であります。その内容は何であれ、人間として何らかの誓願をもたないものは、的《まと》なしの矢を発するようなものです。いやしくも大丈夫たるものは、必ず決烈の志をもたなければなりません。
だが、今はそれはいいません。ここでは一応、未来への発程として誓願を立てることが大切だ、ということだけを指摘しておきましょう。

誓願を未来性としてみる場合、未来とは読んで字の如く、未だ来らざるもので今はないのだから、かくあれかし、かくありたいものだ、かくあるべしという行く末のことであり、希望であり、可能性です。けれども同時に、その未来性であるところの誓願を、『葉隠』は、

「十有五にして学に志すところが聖人なり。後に修行して聖人になり給うにあらず、と一《いっ》鼎《てい》中され候。初発心時《しょほっしんじ》、便成正覚《べんじょうしょうがく》ともこれあるなり」

と見ていることに、注目すべきです。

いったい未来というものは、未だ来らざる時間で、今はまだ現実にはないことはいうまでもありませんが、しかし現在そのものを規定する力をもつものとして、実在性をもつものともいえます。

たとえば、医者になろうという願望があれば、医大に入るとか、医書を勉強するなど、未来の願望が現在の自分を規定することは、誰しも知っているところです。医者になりた

いものが、まさか経済学や建築学の勉強をすることはないのです。だから、逆にいえば、現在こそ未来からかくあれとの規定を受けているともいえるのです。道元禅師が『正法眼蔵《しょうぼうげんぞう》』の「有時《うじ》」の巻で、三つないし五つの時間流を示している中に、「明日《みょうにち》より今日《こんにち》に経歴《けいりゃく》す」といった、未来から現在へと流れる時間を指摘しているのは、それを示すものといってよいでしょう。

「志とは慕なり」

つまり、私どもが誓願を立てて、日日の行持をつづけるには、誓願し希望する到達点が、予《あらかじ》め方向として日日の行為そのものの中に、既《すで》に存しているのです。いわば私どもの日日の行為それ自身が、誓願の可能体だといってもよいのです。

それどころではありません。仏道では『葉隠』にいうように「初発心時《しょほっしんじ》、便成《べんじょう》正覚《しょうがく》」とさえいっています。発心したときに、すでに正覚（さとり）はそこに成じられているというのです。修行という手段を積み重ねて、何年か何十年かたった先に、悟りという目的地があるのではありません。悟りという目的そのものが、現前の私どもの自己を形成しつつあるのであって、それが修行という手段なのです。日日の行持は怠惰であっても、放埓無頼《ほうらつぶらい》であっても、悟りという目的さえ外れていなければいい、というような態度は、この意味からしてまったく成り立たない弁明であり、愚かな浅見だといってよいのです。

どんなすばらしい目的でも、手段を合理化するということはないのです。手段は目的に規定された、それと一如の厳しいものに当然なるべきはずのものです。

孔子は、十有五にして学に志し、三十にして立つといわれました。それは明らかに学というものを対象的に前方において、それに向かって刻苦精進されたのです。何晏《かあん》の『論語《ろんご》集解《しっかい》』にいうように、「志とは慕なり、道は体すべからず、故に之を志」したのでしたが、その学を成就しようとする志は、三十にして如実に確立し、四十になったときは、どんな権力にも、困難にも、微動だもしない盤石不動の境地にまで到達しました。

しかし、まだ道を外に見て対象的に追求し、日日のはげしい精進努力も、ただ道に達するための単なる手段にすぎませんでした。それでは日日の生活がどんなに緊張し、充実していたとしても、それは畢竟《ひっきょう》過程としてのものにすぎず、それ自体として絶対的価値のあるものではないといってよいでしょう。だから本当の意味では、むしろ空しいものだったでありましょう。

ところが孔子は、五十歳になんなんとして、はじめて天命を知ったと自ら告白しています。これまで道を対象とし、目的としてこれを志してきたが、あにはからんや、志すという働きそのものが道それ自体であり、絶対なるものの内在的な限定であり、他方的に表現すれば、天命そのものであることを自覚したのでありました。

有名な詩にこうあります。

「到《いた》り得《え》て還《かえ》り来《きた》るに別事《べつじ》なし、頭《こうべ》を挙《あ》ぐれば残照《ざんしょう》はもと住居の西」と。到りついたところは、自己本来の家舎でありました。

ここにおいては目的と手段、修行と覚証とは、まさに一つです。それ以来は、ただ天命のままに耳に順《したが》い、内なる天の声に諦聴するだけです。飛んでも跳ねても、大道の真っ只中、泣いても笑っても矩《のり》を超えず、エヘンもオホンも、みな天命の実現です。

孔夫子は、このように述懐しているのです。

2——端的只今の一行

根源的生命への還元

孔子の言葉にあるように、自分の任意の選択によるとおもった志が、実は天の命であったと自覚されてみると、未だ来らざる可能態としての未来へ向かって進むということは、実は自己の根底をつき破って、自己をあらしめる根源的生命へ還元することだということになります。

『葉隠』にいう誓願の本質は、このようなかくあるべしとする未来性であり、未来から現在へ向かっての決定力です。

そして未来から要請してくるものを、もし孔子流に天命というならば、それは現在、実存する自己の全内容でありその根底だといってよいのです。

前にもいったように、「死ぬ」とは過去への、従って伝統への還帰であり、「誓願」とは、未来から追ってくる要請であります。過去はかくあったものであり、自己の出てきた根源であり、そしてかつてはあったが、いまはないものであります。未来はかくあるべきものであり、無限に求められる自己の将来性であり、そして未だ来らざるものだから、これまた今はまだないものであります。そのような過去と未来との断絶、死と誓願との対立を結びつけるものは、いったい何でありましょうか。

それは道元禅師の言葉でいえば、「出路に一如《いちにょ》を行ずる」ほかはありません。つまり、すべてをズンとぬけ出て見れば、そこには、万法の一如になっている世界があるという、その一如を行ずるところの現在の行為です。『葉隠』は、それを、

「端的只今《たんてきただいま》の一念より外はこれなく候《そうろう》、一念一念と重ねて一生なり。ここに覚えつき候えば外に忙しき事もなく、求むることもなし」

と教えています。

かくあったという過去からの因果必然の力と、かくあるべしと未来から現在を決定してくる力との断絶、あるいは矛盾対立は、かくして「端的只今」という絶対現在の行為的瞬

間においてのみ、はじめて具体的に一つのものになります。哲学者が、「過去の必然を未来の自由に転ずる」というところの、その転回点は、実に端的只今の行為なのです。

もともと『葉隠』の思想は、湛然《たんねん》和尚の洞上禅（曹洞禅）に鍛えられた、山本常朝の士魂に発するものとするならば、この端的只今なる絶対現在の行為は、道元禅師のいわゆる「今という時は行持《ぎょうじ》よりさきにあるにあらず、行持現成《げんじょう》するを今という」とする思想と、まったく軌《き》を一にするのも、少しも不思議ではありません。

私どもの行為が「今」という時間の中にあるのではなく、逆に私どもの行為のあるところに、今なる「時」が形成されるのだということが、道元とともに『葉隠』の主張するところであります。

永遠の今における創造的生活

そうだとするならば、「端的只今の一念」とは、いいかえれば、「時間」がそこにおいて形成されるところの、「端的只今の一行」だということになります。「端的只今の一行」だから、当然、それは前後を截断したところの絶対現在なのです。身心を挙し、己れを尽くして、目前の一事に絶対を行じるその一行によって、過去と未来の断絶は超えられ、そして内に包まれ、結合されます。この意味で、前後を截断した端的只今の一行は、過去、未来という前後の時間を超えた行為ですから、永遠の今における創造的生活だといってもよいでしょう。

従って、いま、ここにおける一事一行は、いまいうようにそのままで、いつでも、どこでも、という普遍性をもつものだといえます。そうだとするならば、いま、ここでの行為実践に己れを尽くし、身心を挙するほかには、どこにも私どもの生きる時も、処《ところ》も、断じてないはずであります。即今・目前・聴法底《ちょうぼうてい》といわれる臨済《りんざい》禅師の無位の真人は、ここにのみ躍動しているのです。そこにはただ単に手段として使われるようなものは、ひとかけらもないといってよいでしょう。

ここにおいては「今日《こんにち》は」「さようなら」というような片言隻句も、悉《ことごと》く至道《しどう》の端的、泣くも笑うも、ころぶも起きるも、一々が絶対であります。「ここに覚えつき候えば外に忙しき事もなく、求むることもな」いのも当然であります。私どもは、ここに至っては、ただ現前の一行に遊戯を楽しむだけであります。

生きるも仏の全機《ぜんき》の現われなら、死ぬのも仏の全機の現われで、まったく端的只今の一行のうちに、「死」も「誓願」も超え包んで、悠々とうちわたるのみであります。

ただ「死ぬことと見つけたり」ということから、単純に考えられやすい『葉隠』の中に、このような深い人生の至理が含まれていることを取りあげてみても、日本の古道を全面的に再検討する必要がありはしないかとおもうものです。私が、四十年も前の青年客気の頃の古文章を取り出して、恥もなくここに再読してみる所以《ゆえん》も、ただそこにのみあるのです。

宮本武蔵「独行道」

その意味で、さらに日本の古道を考えてみるために、宮木武蔵の「独行道《どっこうどう》」をとりあげてみましょう。これには、十四条・十九条・二十一条と、何種類かあるようです。武蔵伝中もっとも信憑性のあるといわれる『二天記』の末尾に掲げられたものは、十九ヵ条です。二十一ヵ条の方は、末尾に、正保二（一六四五）年五月十二日、新免《しんめん》武蔵玄信と署名し、花押《かおう》が書かれています。そして宛名は寺尾孫之丞殿としてあります。

『二天記』によれば、「同五月十二日、寄之主、友好主へ為遺物、腰の物、并《ならび》に鞍を譲りあり。寺尾勝信に五輪の巻、同信行に三十五ヶ条を相伝也。其外夫々遺物あり」云々とありますが、「兵法三十五ヶ条」は、寛永十八（一六四一）年二月、細川忠利の命によって、武蔵が書いて差し出したものといわれております。

いずれにしても武蔵は、五月十九日に死んでいますから、死の七日前にそれぞれ知人や門下に遺品わけをしたものと見えます。

そのあとで「物事かたつけ極められて、自誓の心にて書せら」れたのが、「独行道」一九ヵ条だと『二天記』には記されております。これで見る限り、「独行道」は死に臨んで書いたもののようにも受けとられますが、しかし〝自誓の心〟としては、それでは遅きに失するように思われます。従って、これは、かねてから座右の銘としていたものを〝自誓の心〟で、高弟の寺尾孫之丞に書いておくったものと見るべきでしょう。

そんな点、いろいろと究明しなければならない問題がありますが、本書はそのような歴史的考証は他の適当な人に譲って、私は端的に本文について、私の考えを述べることにしましょう。

私の考えでは、この「独行道」は死に臨んでにわかに書いたものではなく、武蔵が心中で長い間かかって反芻《はんすう》したものだと思うのです。なぜならば、第一条の「世々の道にそむくことなし」と、第二十一条の「常に兵法の道をはなれず」とは、みごとに首尾相呼応しているからです。それはあたかも白隠禅師の『坐禅和讃』における、「衆生本来仏なり」という起句と、末尾の「この身即ち仏なり」との対称のような感じがあります。（全文は巻末・「付」参照）

和讃は、まず私ども衆生の本質というか、本来性というか、仏性は人人具足《にんにんぐそく》、箇箇円成《ここえんじょう》底《てい》のものであることを示し、次にそれがなぜ失われたかを説き、その挽回の方法を述べ、ついに「摩訶衍《まかえん》（大乗）の禅定」によって持って生まれた本来性を自覚し、原則を現実化することが可能である所以《ゆえん》を明らかにし、「この身即ち仏なり」と断定しております。

武蔵の「独行道」は、和讃のような一貫した文章でも歌でもありません。むしろ一条一条を思い出すままに並べたといってもよいものですが、いまいったように第一条と第二十一条とは、もののみごとに呼応しているのです。これは相当の時間をかけて練らなければ、こうはいかないと思います。

普遍性をもった道の発見

ところで「世々の道にそむく事なし」の〝世々の道〟とは、何を指しているのでしょうか。それは武士の社会で、世々受け継いできた伝統的な道であると同時に、いつでも、どこでも、だれにでも、普遍的に当てはまる大道を指しているのだとおもいます。時間的にいつの時代でも、空間的にどこの国でも、そして人間としてこの世に生を受けた限り、誰一人の除外例もない、といった普遍性をもった道でありますから、いいかえれば〝真理〟といってよいものだとおもいます。

私どもは、何よりもまず、そのような道を発見しなければなりません。

東嶺《とうれい》禅師は『宗門無尽燈論《しゅうもんむじんとうろん》』の下巻に、「師承《しじょう》」という項目を設けておりますが、その中で、六祖慧能《ろくそえのう》の法嗣《はっす》の東陽玄策《とうようげんさく》禅師と永嘉玄覚《ようかげんかく》禅師との問答を挙げて、〝師承〟の尊さを強調しています。玄策が玄覚と禅についていろいろ話し合ったところ、よく意見が合うので、玄策は「あなたは、どなたの証明を得られたのか」と尋ねました。玄覚は「私は方等《ほうどう》（大乗）などの経論を学んだときは、正式に師匠について教えを受けました。その後、『維摩経《ゆいまぎょう》』を読んで仏心宗を悟ったが、それは誰にも点検してもらっておりません」と答えました。

するとと玄策は「それはいかん。仏がこの世に出世される以前ならいざ知らず、仏出世以後の無師自悟は外道《げどう》の見解にすぎんものとして否定されるのだ」といって、六祖に点検を受けることを勧《すす》めました。

玄覚は、すぐに六祖慧能を訪ね、その点検を受けて六祖の法を嗣いだのでした。

いま武蔵が「世々の道にそむくことなし」というとき、それは彼の兵法の道がけっして自分の独りよがりのものではなく、日本剣道発生以来の正統の道を踏んでいることを示すものであり、その確信を述べたものだとおもいます。武道全般にわたって、古来、守・破・離ということがいわれます。〝守〟の段階では、師伝を厳守し、まずその流儀の型を身につけるべきです。

それは道元禅師の言葉でいうなら、「自己を運び万法を修証するを迷とす」という立場からです。『葉隠』に、「武士道というは死ぬことと見つけたり」というのも、大乗的に見れば、その立場を示すものです。近頃の人は誤って自己主張の意識がつよいので、「自己を運」ばなければ自己が発揮できないように思いがちですが、それはとんでもない誤りです。

「仏道をならうというは、自己をならうなり。自己をならうというは、自己を忘るるなり」で、「身をも心をも放ち忘れて仏のかたに投げ入れる」からこそ、「仏のかたより行われ」て、小さな自己が仏のおんいのちとして、宇宙の大生命の顕現として受用できるのです。自己があって行なうのは、独善的なオラが道であって、いつでも、どこでも、だれにでも普遍的に妥当する真理の大道ではありません。

「世々の道にそむくことなし」、私どもは釈尊以来、三国伝統の大道にそむくものであってはなりません。

理想社会は脚下に

『維摩経』の主人公である維摩居士《ゆいまこじ》は、「心、浄《きよ》ければ即ち仏土浄し」とか、または「浄土を得んと欲せば、まさにその心を浄くすべし」などと浄土建設の基本方針を明らかにしています。この基本方針に基づいて、六波羅蜜《はらみつ》という具体的方策を実施すれば、浄土は彼岸ではなく、焦熱地獄のような足下の此土《しど》に建設されると教えています。

理想社会は脚下にある。浄土を得んと欲せば、まさに東司《とうす》（便所）を浄《きよ》くすべしです。

道元禅師の『正法眼蔵《しょうぼうげんぞう》』に「洗浄」の巻があって、「いわゆる不染汚《ふぜんな》の法」を詳細に説いていることは、周知でありましょう。

その中に『大比丘《びく》三千威儀《いぎ》経』の「浄身とは大小便を洗い、十指の爪を剪《き》るなり」の文を引いて、次のように示しています。

「しかあれば、身心これ不染汚《ふぜんな》なれども、浄身の法あり、浄心の法あり、ただ身心をきよむるのみにあらず、国土樹下をもきよむるなり、国土いまだかつて塵穢《じんえ》あらざれどもきよむるは、諸仏の所護念《しょごねん》なり」。

わが尻を洗えば、身心のみかは、国土も浄まるというのです。

修道の高士よ、臭い話といいたもうことなかれ。道元禅師は、その「洗浄」の巻において、「大小便を洗うこと、おこたらしむることなかれ」と前おきして、「舎利弗《しゃりほつ》、この法をもて外道《げどう》を降伏《こうふく》せしむることありき」と述べ、まず「樹下露地《じゅげろじ》」のような、野外における洗浄の具体的方法を記し、さらに東司《とうす》に入る法をいとも事細かに述べています。

それはもちろん大小便処を洗浄することを教えるものではありますが、『禅苑清規《ぜんえんしんぎ》』を引き、『華厳経《けごんきょう》』を参照し、『十誦律』『摩訶僧祇律《まかそうぎりつ》』までも参照する綿密さです。そして

「厠屋《しおく》は仏転法輪の一会《いちえ》なり。この道場の進止《しんし》、これ仏祖正伝せり」とまでいっているのです。在家だからといって、便所そのものを汚しておいていいわけはありません。

佐藤幸治博士の亡くなられる十日ほど前、私は招かれて追手門学院大学に講演に行きました。そのとき先生は廊下の角々におかれたゴミ入れに貼られた〝校舎を清潔にしよう〟といったような標語を指して、「私がやっているのです」と語られたことを覚えています。もっともその前に、佐藤先生は『中外日報』に、花園大学の便所の穢《きたな》いことを書かれていましたし、またこの人が花園大学におられたとき、朝早く便所掃除をなさっていたことを私は知っていました。佐藤先生の禅に対する考え方には、禅門には異論を唱える人もかなりありますけれども、私はその陰徳行には限りない敬意を表しています。

葬儀の日、私は「朝な朝なひとに知られずひそやかに　東司《とうす》きよめし君をしおもほゆ」と、歌にならない歌を電報に託して霊前に供えました。

厠のはなし

禅門では、便所のことを東司といいます。道元禅師は、「あるときは圊《せい》といい、厠《し》というときもありき」と書いています。
『禅学辞典』をみますと、『摩訶僧祇律』の巻三十四に「仏の言く、今より已後《いご》、応《まさ》に廁《し》屋《おく》を作るべし。廁屋は東に在って北に在るを得ず、応に南に在《お》き西に在くべし」とある因縁から、廁を〝東司〟と呼ぶようになったのだ、と解説しています。

世間では廁をかわやと読ませますが、それは母家《おもや》を離れて、その側に建てたのでこの名があるといいます。しかし、本当は川屋で、屋敷の近くを流れる小川の上か何かに小屋を建てて用を足したものだ、という説もあります。『古事記』などにも、その説がうなずかれるような記述があります。どうやら水洗便所は、神州清潔の民の住む日本が元祖だといえそうです。

武田信玄は、そのいわゆる川屋で、毎朝悠々と用を足しながら訴状を読んだといいます。ここは心が安定するので、公平な判断を下すにはもってこいのところでありましょう。もっとも信玄愛用の川屋は、六畳敷きの広間で、つねに香を焚いていたと、見てきたように報告する人もあります。隣りが浴室で、その残り水が流れるようになった水洗式だったらしいというレポートもあります。

私は青年の頃、先輩につれられて、二夏ほど赤城山の洞窟で修行したことがあります。最初の年の夏、「排泄物はどうしますか」と先輩に教えを乞うと、「川淵に穴を掘ってうめておけ、大雨の降った日に押し流されるから」といいます。私は、どうせ流すならと、この教えには従わず川にしゃがむことにしました。

ところが、私の川屋の半町ほど下が滝で、その滝には注連縄《しめ》が張ってあります。行者たちは祝詞《のりと》をあげてここで滝行をします。その滝に打たれると、不思議に私は頭が痛くなるのです。純情な後輩は、「先輩！　それは川を穢した神罰です」と、おどかしました。ではこの清浄なる神域で、どちらを向いて排泄したらいいのか、私はわからなくなって悩まされました。

しかし、文字通り流れ川で尻を洗う快適さに、禅味を満喫していた私は、ついにその行為は止めませんでした。その頃に読んだ竹田黙雷禅師の『禅の活殺』に、おもしろい話があります。

東福寺に大会《だいえ》があって、千人余りの大衆《だいしゅ》が集まったが、食料不足で大へんに難儀しました。そこで評席役位《ひょうせきやくい》会議を開いて協議した結果、台所の守護神である韋駄天さんを荒縄でしばりあげて、「お前がぐずついておったから、こんなことになった」と、みんなで寄ってたかって擲《なぐ》りつけました。すると間もなく寄付が続々と集ったといいます。私はこの物語を想起して、自ら悩む心の副木《そえぎ》にしました。

むかし、所もあろうに、京都の御所に雷が落ちたといいます。そのとき守護神たる賀茂神社が、役目怠慢のカドで、何日間か閉門を申しつけられたという話も有名です。

昔の人のやることは、垢ぬけしていて無邪気でおもしろい。今の人のやることは、余りにも理づめすぎて、ギスギスして愉快でありません。

黙雷禅師は、いまの話に続いて、「いくら大悟徹底したといっても、姿に変りのあるものではない。コンニャクのアクのあるのと、ないのとの違いぐらいのものじゃ」といっています。

一休さんは、永平寺で、、、と点が三つあって、その左横に、、と二つ点を打った墨跡を読めと責められたとき、「お前らは無学だな、これは〝風と月　裸になって踊りかな〟と読むんじゃ」といったといいます。これもおもしろい。

不染汚の境涯とは、コンニャクのアクのぬけたような裸踊りでもありましょうか。

さもあらばあれ、彼岸の世界は、自分の尻をきれいにするところにあるようです。

3——文明の転換を求めて

近代文明の危機

原水爆の脅威を伴う「二つの世界」の対立は、全世界を絶望的な不安に陥れていますが、これを本質的に考えれば、われわれは本来その抗争には関係がないのです。なぜならば、『二五時』を書いた作家ゲオルギウのいうように、それは近代的唯物主義の両肢の争いであるからであり、またトインビーの言葉を借りれば、西欧キリスト教文明に対する、東欧ギリシア正教文明の反撃だからです。もともと二つの世界は近代文明の内部の分裂に過ぎないのです。

それが同じく近代文明の最高の作品たる原水爆で戦おうとするのですから、まさしく、文明が文明を破壊するというか、結局ヨーロッパ近代文明の自壊作用、あるいは近代的人間の自殺行為というよりほかに、言いようはありません。

歴史の転換には、必ず戦火の洗礼を伴うのが過去の事実でありましたが、その意味から言えば、近代文明の自己否定の業火は、第一次大戦以来燃えだしています。もし第三次大戦があるとすれば、それを結論づけるものと思われます。その場合、本質的にはわれわれに関係のない「二つの世界」の抗争ではあっても、現実問題としては、われわれも必ずその渦中に巻き込まれてしまうのです。

日本の利用価値、そして無力さ、その上に現実的には「二つの世界」的要素をもっているからです。そうなったら、われわれはどうするか。日本の叡知と努力の一切は、ここに傾け尽されなければなりません。もし幸いに戦争が回避できたとしても、近代文明の崩壊は免れえないでしょう。

ゲオルギウによれば、近代人とはすでに純粋の人間ではなく、人間と機械との雑種として生まれた、〝市民〟という動物の新種だといいます。バーナード・ショウも、かつて近代人は一番二番と呼ぶのが適当で、一人二人と呼べるような代物《しろもの》ではない、と言っています。自我主義的な自覚に出発した近代が、その発展の極において、その特徴とする人間性を喪失し、分裂させ、機械化してしまったのです。出直す外はありません。

また、原子力の産業利用は必然的に第二次産業革命を将来し、その結果は資本主義も共産主義も不可能ならしめ、それらを超えたまったく新たな原子力時代というにふさわしい思想、制度を生むものと考えられます。そしてまた、アジアはこれまで世界の辺地として取り扱われ、一度も檜舞台に登場したことはありませんでしたが、第二次大戦の結果として、西欧の侵略から解放され、大部分が独立国としての立場を確保することになりました。

このことは、科学技術と経済の発達によって、全世界が一つの方向に進みつつある現状に、別の側面から一層拍車をかけるものであると同時に、とうていこれまでのように、アジアを植民地とする西洋中心的な世界構造を、いつまでも保持することを許さないでありましょう。アジアの台頭は、必ず世界文明の様相を変化させるに違いありません。

これらの理由から、大戦の有無にかかわらず、西洋近代文明は没落し、世界の歴史は転換すると確信するものです。しからばその後に来るものはいかなるものでしょうか。

エゴイズムの時代

いちがいに西洋文化、近代文明と言ってみても、その内容は実に複雑多岐であって、むしろ一義的に表現することの方が不自然です。だがその中心的傾向について、大体の性格づけをすることはできないこともありません。その意味でごく大まかに見ると、誰しもまずそこでは、自然の支配と征服とに、その主力を注いだ点が目につくでしょう。

近代的と言われる科学文明も、結局は自我が自然を征服しようとする要求によって生まれたものです。かつてベーコンは「知識は力なり」と言いましたが、それは人間の自我が自然を征服して、その主人公たらんとする力を誇示したことに外なりません。従って、その文明の性格は自我主義にある、といってさしつかえありません。

禅語に「蝦《か》躍れども斗《と》を出でず」とありますが、近代文明は所詮は「われ思う、故にわれ在り」の次元を多く出《い》ずるものではありません。そのような自我の自覚の仕方によって、自由にして平等なる自律的個人のアトム的に構成された社会が、いわゆる個人主義、自由主義と呼ぶ近代ヨーロッパ的秩序です。そしてそのような個人が経済力を掌握することによって、無限の自由を追求し、そこに自我を実現しようとしたのが資本主義です。

しかるに、資本という経済力を握った個人が、一方的に自我の自由を主張するときは、他の多くの人々の自由を圧迫し、従って平等を破壊します。そこで「万国のプロレタリアよ団結せよ」というスローガンによって、平等を破壊されたことを憤る人々が、階級的に結束を図ることになります。階級こそは最も具体的で、一番根源的な歴史の担い手だとする階級的主体が強調され、国境を越え民族を超えて横断的に組織づけられてゆきます。

ところが第一次大戦後の世界状況は、社会矛盾の根本原因が「持てる国」と「持たざる国」との国際的不平等にあると思われるようになり、それを打破しない限り国内的な経済不安も根本的には解決し得ない、そのためには国内は鉄の結束をもたなければならないとする、民族的全体主義を生むに至りました。

虚無の深淵

一切が神中心的に考えられた中世思想に疑問をもった近代初頭の人々が、「人間とは何であるか」を問うたとき、その回答として発見した自我が、その後の一世紀の間に三つの姿に分裂したのです。

それは「われ思う」という意識の次元で、「力なり」と誇負する「知識」によって、主知的に自我が把《つか》まれたことからくる当然の結果です。知識の本質は判断であり、分別であり、分割であります。そこでは自我も空気を吸い、食物を摂る具体的な人間としてではなく、対象的に考えられた抽象人になってしまいます。個人や階級や民族に分けられ、その一面が抽出されて、それだけが絶対なるかのように考えられるのはそのためです。そこに個人的エゴイズム、階級的エゴイズム、民族的エゴイズムが形成され、三者が力ずくでエゴを闘わす必然的な運命が横たわっています。

歴史上の事実として見れば、そのうちの民族的自我は、第二次大戦でまず敗退し、いまや個人的自我と階級的自我とが「二つの世界」を構成して、歴史の場において雌雄を決せんとしているわけです。この二つに分割された近代的自我の両半面は、後者においては蟻のごとく奴隷のごとく機械のごとく〝沈黙の自由〟もない刑務所的世界に人間性を喪失し、前者においては狼のごとく餓鬼のごとく、飽くなき享楽の世界に人間性を喪失しています。二つの世界に相分かれ相対立して争いながら、自我主張の極において自己を喪い、その足元にぽっかりと底無しの虚無の深淵が口を開いている点においては、一致しています。

近代文明によって構築された二つの世界は、かくて戦争の危機にさらされ、救いのない虚無的絶望に喘《あえ》いでいるのです。

いのちの実相の発見

近代的自我の直面するこの危機は、どうすれば脱出できるでしょうか。否応なしに「われ思う」の次元における自我を、否定的に超出するほかはないでしょう。そしてより根源的な、本来の自己に覚醒しなければ、他に生きる途はありません。

「われ思う」の意識の次元を否定的に超えるとは、禅の言葉でいえば「八識田中に一刀を下し」て、本来の面目に契当することです。仮にこのような立場を東洋的というならば、「二つの世界」に分裂して抗争する近代的自我は、この東洋的立場に覚証しなければ、絶対に救いはないといわなければなりません。われわれはここに、東洋文明の歴史的必然を洞察するのです。

東洋文明といっても、西洋のそれに劣らず複雑をきわめています。けれども西洋的な立場を、自我による自然の征服という点に特徴的な性格を認め、これを自我主義と呼んだのと同じような角度からいうならば、自我が自然に随順し、自然と自我とを一如に包むその根底に向かって、根源的自己を主体的に把《つか》む無我主義が、東洋の根本性格だといってさしつかえないでしょう。

八万四千という厖《ぼう》大な仏教の教えも、結局はこの無我に帰するでありましょうし、儒教を中心とする諸子百家も、究極は偏無く党無き大同世界の実現であろうし、また神の道に随って自ら神道ありとするわが古神道も、つまりは自己の根源たる絶対者に随順する無我の道といってよいでしょう。まことに無我の道こそは岡倉天心の、いわゆる「全アジア民族共通の相続財産」でなければなりません。「われ思う」という人間的な自我意識の底を突き破ってのみ、初めて対面できるところの自己ならざる自己——自己がそこから出《い》で、そこに帰るような根源的絶対主体は、宗教的にはこれを神といい、仏といい、または本来の面目ともいいます。それは客体的な「有」ではなく、どこまでも主体的な「無」です。その主体的な無が、われわれの自己において生きるという自覚が、「無我」というものでしょう。

無我は一般に誤解されているような抽象的観念ではありません。むしろ最も具体的ないいのちの実相です。いのちは「生まれて生む」ことによって、受動から能動へと立場を転換しながら、無限に相続するもので、その最小単位は親子として見られるものです。子は生まれた個別生命として、生むいのちである親という全体生命に内在し、親は生むものとして、生まれたいのちたる子に超越します。

しかも親と子とは、同一生命の連続延長として平等一体であるが、他面同じように全体的生命を含む独立の主体として絶対の差別であります。連続して連続せず、差別にして平等というのがいのちの構造です。しかし親は子を生むといっても、生む力を本来的にそれ自身に持っているのではなく、根源的な生みの働きに基礎づけられて、初めて生むことができるのです。

東洋的無我文明の建立を

われわれは生む働きの根源をつきつめてゆくとき、その極限において、生む働きを基礎づけている絶対者に直面するでしょう。時間と空間の枠内で限られたいのちを生きるわれわれは、その限界において、自己を基礎づけているこのような超越的な主体にふれ、それこそ、自己の深い底にある無限のいのち、本来の面目だとの自覚を得るのです。無我の立場はこのように具体的ないのちの覚証でなければなりません。

　われわれが祖先以来、いわゆる全アジア民族共通の相続財産たるインド、中国の文化を吸収しつつ展開してきたいのちの実現態は、実に右のような構造において「われと汝」の関係を内に成立させたのでした。われなる主体と汝なる主体とを超え包む生命共同体的全体性は、具体的には血と土の合一として、われわれに対しては汝としてのぞむ客体でありながら、同時にわれわれがそこに生まれ、そこに働き、そこに死すべく生命を托している、絶対主体であります。

　主体であるからそれは自己である。自己でありながら、客観性をもってわれわれに呼びかけるこの生命共同体的全体性にこそ、アジア共同の遺産の精粋が、ここに全き姿で含蓄されています。

　もし近代的西洋文明を自我的と規定したように、かりにこれを東洋的無我文明と呼ぶならば、この原理の基盤に立つとき、相抗争し分裂した自我の三態は、深く無的主体に基礎づけられ、各々その所を得て一如的に生かされるでしょう。すなわち、個人は民族的全体の超越性を正当に認め、民族的全体はまた内在する個人の独自性を容認し、階級もこれを超えた民族的全体を認め、その内部における機能的存在であることを自覚するとともに、階級内における個人の独立自由を認めるでしょう。

そして西洋的虚無もこの創造的な、妙有的東洋的無にまで徹底することにより、東西の文明は無の深淵において相会し、真に一つの世界の原理を現成するのではないでしょうか。政治も経済も、法律も、この原理によって運用されるとき、対立抗争奪取の影をひそめ、大和円融推譲の仁愛の相を現ずるでしょう。世にいわゆる原子力文明なるものは、このような原理に立つべきものと信じます。日本はこの原理に基づいて自らを再建することによって、万世のために太平を開かねばなりません。

フーコー博士との問答

宗教家としての私は、八〇年代とか、九〇年代といった短期の展望においてではなく、正に「文明の転換」という視点に立った長期展望にこそ強い関心があります。

近代文明の矛盾が深化するに従って、外国人、とくに欧米知識人の東洋に対する関心は高くなり、東洋思想の中心のひとつ「禅」の思想を通しての、「人間観の転換」ということが求められ、期待されるようになりました。今日、禅の持つ考え方が広く世界的に歓迎されているのも、近代文明の限界を措定した人間観の模索といえなくもありません。

文明観――人間観の転換とは、要するにルネッサンス期以降の近代文明――「自我」を中心とした文明が、二〇世紀末葉の今日に至って、大きく行き詰ったことを意味します。私は今夏、久しぶりにヨーロッパを巡ってみて、その辺の実情にいろいろと接することができました。

私がドイツのあるカソリック修道院を訪ねたときですが、その歓迎の辞を述べる院長は、「われわれカソリック教徒の願いは、神の恩寵による生命共同体を形成するにある」ということをはっきりといいました。こういう〝生命共同体〟という問題提起は、日本の宗教家にあまりない点ですが、私は大いに共鳴しました。

私は、その歓迎の辞に応えて、「今回、ヨーロッパを訪問したのは、同様の意味においてである。禅の持つ人間観、それを基本にしてゲマインシャフト（運命共同体）をつくる。それがわれわれの願いだ」と述べました。

また、先年の四月のことですが、私の僧堂（山梨県上野原の青苔寺）へ、二人のフランス人が訪ねて来ました。一人は在日フランス大使館文化参事官であり、一人は禅僧のような風貌の哲人であるミシェル・フーコー博士でした。当時、私はこの構造主義の代表的な存在であるフーコーなる人物を寡聞にして知りませんでした。

フーコー博士は、私と対座し挨拶を終えると、直ちに質問を浴びせてきました。

「ヨーロッパの学問、教育、社会的習慣すべてが〝心と体は別〟という考えだ。私の禅体験（博士が青苔寺で参禅していたのを、私〈大森〉は花園大学の卒業・入学等の行事で京都に滞在していたので知らなかった）では、心と体は一つであった。この体験は間違っているか？」

禅には「拶処《さっしょ》」（答の正否を確める質問）というのがあります。だから、たとえ、その質問が禅定から出たものであっても、直ちに〝よし〟とはいえません。およそ十回も私は彼の体験の正否を追究しました。私は「ヨーロッパの考えは誤りである。東洋の学問、就中《なかんづく》、禅では心身一如である。あなたの体験は正しい」と答えました。次いで、「ヨーロッパでは〝自然と人間は別〟、人間は自然を征服する主体という考えである。私の体験では人間と自然とは一体だったが、これはどうか?」、と問うてきました。それに対して私は、「人間が自然を征服するとは、人間の増上慢だ。ヨーロッパの考え方は、たかだかここ四百年間の神を見失ったところから出た人間観に過ぎない。バクーニンが『神と国家』でいっているように、人間は神の座から神を引き摺り下し、替って自分が坐った。これは誤った人間中心主義である。そのために自然は汚染し、逆に人間が死滅に瀕するような状態に今日陥った。そこで近代文明の誤りに気づき始めた一部の人——生命科学者たちはしきりと〝生態系〟という言葉を使うようになった。やはり人間も生態系の中において初めて生きられる存在であって、これが正しい学問であり、知識である」といい、「あなたの体験は正しい」と答えました。

文明の転換の原理としての禅

フーコー博士ほどの人が、西欧文明に対する日頃の疑念を率直に口にし、文章に著わし、問いかけ、「文明の転換」を求めて東洋思想に近寄ってくることは、大変すばらしいことではないでしょうか。つまり近代ヨーロッパの人間観、自然観は、他をかえりみることなく、長い間、独善を恣《ほしいまま》にしてきました。ところがフーコー博士のような著名なヨーロッパの哲学者によって、ヨーロッパの間違いが間違いとして、あえて指摘されるようになったのです。その影響力を考えますと、これは個人の体験だけに留まらぬものがあるといえます。

私が冒頭、〝短期の展望よりも長期の展望を〟といったわけは、これからの人類のあらゆる問題は、小手先を弄《ろう》するだけで解決でき得る問題は何一つないということです。

先に紹介したアメリカのフィリップス教授は、その著で、

「われわれはいま、今日の文明に対して絶望感、挫折感、虚無観を持ち、何ともいえない究極的な状況に直面している。これを打開する途は、禅の持つ〝中心が至るところにあって周辺がない〟という実在観でなければならない」

と書いています。ここでは、はっきりと「禅は個人的救済の道ではなく、文明の転換の原理」であることを認めています。

私がヨーロッパに行って感ずるものには、フーコー博士やフィリップス教授に教えられるものと共通性があり、東西文化・霊性の交流―禅とキリスト教との接触という大きな目標を遂行していくことの重要さです。それはまた日本の一宗教家・禅僧としての責務であ

り、今後とも努力していかねばならぬ点だと思っているわけでもあります。

◉付　『坐禅儀』『坐禅和讃』

『坐禅儀』

夫《そ》れ学般若の菩薩《ぼさつ》は、先ず当《まさ》に大悲心を起し、弘誓《ぐぜい》の願を発《おこ》し、精《たけ》く三昧《さんまい》を修し、誓って衆生を度し、一身のために独り解脱《げだつ》を求めざるべきのみ。

乃《すなわ》ち諸縁を放捨し、万事を休息《くそく》し、身心《しんじん》一如にして動《どう》静間《じょうへだて》なく、其の飲食《おんじき》を量《はか》って多からず少からず、其の睡眠を調えて節ならず恣《し》ならず。坐禅せんと欲する時、閑静処《げんじょうしょ》に於て厚く坐物《ざもつ》を敷き、寛《ゆる》く衣帯《えたい》を繋《か》け、威儀をして斉整ならしめ、然る後結跏趺坐《けっかふざ》す。

先ず右の足を以て左の髀《もも》の上に安じ、左の足を右の髀の上に安ぜよ。或は半跏趺坐《はんかふざ》も亦《ま》た可なり。但《ただ》左の足を以て右の足を圧《お》すのみ。

次に右手を以て左の足の上に安じ、左の掌《たなごころ》を右の掌の上に安じ、両手《りょうしゅ》の大栂指《だいぼし》の面を以て相拄《ささ》え、徐々として身を挙《おこ》し、前後左右反復揺振《ようしん》し、乃ち正身端坐《たんざ》せよ。左に傾き右に側《そばだ》ち、前に躬《かがま》り後《しりえ》に仰ぐことを得ざれ。腰脊頭頂《ようせきずちょう》骨節相拄《ささ》えて、状浮屠《かたちふと》の如くならしめよ。

又身を聳《そび》やかすこと太《はなは》だ過ぎて、人をして気急に不安ならしむることを得ざれ。耳と肩と対し、鼻と臍《ほぞ》と対し、舌・上の腭《あぎと》を拄《ささ》え、唇歯《しんし》相著《つ》けしめんことを要す。目《まなこ》は須らく微《すこ》しく開いて昏睡《こんすい》を致すことを免《まぬが》るべし。若《も》し禅定《ぜんじょう》を得れば其の力最も勝《すぐ》る。古《いにし》え習定《しゅうじょう》の高僧有り、坐して常に目を開く。向《さき》の法雲の円通禅師も亦、人の目を閉じて坐禅するを訶《か》して、以て黒山《こくざん》の鬼窟《きくつ》と謂《い》えり。蓋《けだ》し深旨《じんし》有り。達者これを知るべし。身相既に定まり、気息既に調い、然る後、臍腹《せいふく》を寛放し、一切の善悪都《すべ》て思量することなかれ。念起らば即ち覚《かく》せよ。之を覚すれば即ち失す。久々《きゅうきゅう》に縁を忘じて自《おのずか》ら一片となる。此れ坐禅の要術なり。竊《ひそ》かに謂《おも》うに坐禅は乃《いま》し安楽の法門なり。而《しか》るに人多く疾《やまい》を致すは、蓋《けだ》し用心を善くせざるが故なり。若し善く此の意を得れば、即ち自然に四大軽安にして精神爽利ならん。正念分明にして法味神《しん》を資《たす》け、寂然として清楽ならん。

若し已《すで》に発明ある者は、謂《いい》つ可し、龍の水を得るが如く、虎の山に靠《よ》るに似たらん。若し未だ発明有らざる者も、亦乃《またすなわ》ち風に因《よ》って火を吹けば、力を用うること多からざらん。但肯心《ただこうしん》を弁《べん》ぜよ。必ず相賺《あいいつわ》らざれ。然り而《しこう》して道《どう》高ければ魔盛んにして、逆順万端なり。但能《ただよ》く正念現前せば、一切留礙《るげ》すること能わず。楞《りょう》厳経《ごんきょう》、天台の止観《しかん》、圭峯の修証義《しゅしょうぎ》の如き、具《つぶ》さに魔事を明かす。預《あらかじ》め不虞《ふぐ》に備うる者は知らずんばある可《べか》らず。

若し定《じょう》を出でんと欲せば、徐々として身を動かし、安《あん》祥《しょう》として起ち、卒暴なることを得ざれ。出定の後も、一切時中常に方便を作《な》し、定力を護持すること嬰児《えいじ》を護《まも》るが如くせよ。即ち定力成じ易《やす》からん。

夫れ禅定の一門は最も急務たり、若し安禅静慮《じょうりょ》ならずんば、這裏《しゃり》に到って惣《そう》に須《すべか》らく茫《ぼう》然たるべし。所以《ゆえ》に道《い》う、珠を探るには宜《よろ》しく浪を静むべし。水を動かせば取ること応《まさ》に難《かた》かるべし。定水澄清なれば心珠自ら現ず。

故に円覚経に云《いわ》く、無礙《むげ》清浄の慧は皆禅定に依って生ずと。法華経に云く、閑処に在って其の心を修摂《しゅうせつ》し、安住不動なること須弥山《しゅみせん》の如くなるべしと。

是《ここ》に知んぬ、凡を超え聖《しょう》を越ゆるは、必ず静縁《じょうえん》を仮《か》る。坐脱立亡《りゅうぼう》は須らく定力に憑《よ》るべし。一生取辦するも尚蹉跎《なおさだ》たらんことを恐る。況《いわ》んや乃ち遷延《せんえん》せば何を将《もっ》てか業《ごう》に敵せん。故に古人云く、若《も》し定力無くんば、死門に甘伏《かんぷく》し、目を掩《おお》いて空しく帰り、宛然《えんねん》として流《る》浪《ろう》せんと。幸に諸禅友、斯《こ》の文を三復せば、自利利他、同じく正覚を成ぜん。

*

『坐禅和讃』

衆生本来仏なり。水と氷の如《ごと》くにて、
水をはなれて氷なく、衆生の外に仏なし。

衆生近きを知らずして、遠く求むるはかなさよ。
譬《たと》えば水の中にいて、渇《かつ》を叫ぶがごとくなり。
長者の家の子となりて、貧里に迷うに異ならず。
六趣輪廻《ろくしゅりんね》の因縁は、己が愚痴《ぐち》の闇路なり。
闇路にやみぢを踏みそえて、いつか生死《しょうじ》をはなるべき。
夫《そ》れ摩訶衍《まかえん》の禅定は、稱歎するに余りあり。
布施や持戒の諸波羅蜜《しょはらみつ》、念仏懺悔《ざんげ》修行等、
その品多き諸善行、皆この中に帰するなり。
一座の功をなす人も、積みし無量の罪ほろぶ。
悪趣いずくにありぬべき、浄土即《すなわ》ち遠からず。
辱《かたじけ》なくもこの法《のり》を、一たび耳にふるる時、
讃歎随喜《ずいき》する人は、福を得ること限りなし。

いわんや自ら回向して、直に自性を証すれば、
自性即ち無性にて、すでに戯論《けろん》を離れたり。
因果一如の門ひらけ、無二無三の道直し。
無相の相を相として、行くも帰るも余所《よそ》ならず、
無念の念を念として、謡うも舞うも法の声、
三昧《ざんまい》無礙《むげ》の空ひろく、四智《しち》円明の月さえん。
この時何をか求むべき、寂滅現前するゆえに、
当所即ち蓮華国、此身即ち仏なり。

あとがき

上智大学の門脇佳吉教授は、私の道場で長く参禅し、キリスト教神父として禅の修行を終えた私の弟子である。ある日、彼の運転する車に乗せられて大学の熱海宿舎に行ったのは、一年程前だったと思う。神父を中心に数人の若い人たちと共に二、三日を過ごしたが、その時の談話を中心に集めたものがこの書である。他に私の鉄舟会禅道場の機関誌「鉄舟」に連載したものも付け加えた。なお第Ⅰ章の「坐禅のこころ」は、かつて禅文化研究所の求めに応じて書いたものであり、「鉄舟」にも併載したものである。文中、『坐禅儀』の原文の訓み下しは、ほぼ従来からの訓みに準じた。

さて、戦後世界は大きく二つに分かれ、閉じられた自我と自我とが対立して、ともすれば一触即発の危機にさらされ、息づまるような苦しさの中にある。人間の人間に対する不信感は巨大化し、今や地球を幾度破壊してもなお余りある核兵器を抱いて、われわれの行くべき未来は打開の道を見失なったかのごとくである。

もはや外形的な方策や政治的なイデオロギーのみでは、この対立は解決できないように思われる。人間が創り上げた社会は、その創った人間自身の内にもう一度目を向け直し、一切の虚構を廃し、自己ならざるものを捨てて、真に根源的な生命に目覚むるのほか、打開の道はないように思う。

飯山の正受老人(徳川期、白隠禅師の師)に「一大事とは今日只今の心なり」との語がある。それは、いつでもという時間を即今の瞬間につかみ、どこでもという空間を目前のここに踏みすえ、だれでもという普遍的人格を、今ここで話を聞きつつあるわれに自覚するということである。時間と空間の交叉する中心の一点において、このわたしが生きて働いている、その自由無礙で一切捉われない活動の当体こそが一大事実であり、只今の姿である。それがそのまま仏のおんいのちであり、〝開かれた自己〟でありましょう。「禅の発想」とは、かかる自己に目覚め、日々これ好日と生きてくることでなければならない。ここにおいて初めて、人の喜びがわが喜びとなり、人の悲しみがわが悲しみと感じられる。真に愛情と一体となった本来の智慧を回復することとなるのです。この智慧の自覚こそ、混迷する世界を開く唯一の鍵と信ずるものですが、如何でありましょう。

一九八三年九月

大森　曹玄

追補

「坐」の道

――威儀を正すことと、自由であること――

一、「坐」は進退を自由にする

むかしから人間の立居振舞《たちいふるまい》のすべてをひっくるめて、行《ぎょう》・住《じゅう》・坐《ざ》・臥《が》という。人間は何らかの行為をしているか、ジッと停止しているか、坐っているか、寝ているか、身持ちの在り方にはこの四つしかない。

その四つの立居振舞を自堕落にせず、あるべきように在らしめるというので、仏法ではこれを「四威儀《しいぎ》」と呼んでいる。つまり、人間が人間であるためには、行為するにも、停止するにも、坐るにも、寝るにも、それぞれ厳然たる威儀がなければならず、人間らしい一定のきまりがなければならないというのである。

四威儀には別に甲乙はないとおもうが、もし強いて差別をつけるなら、「坐」が一番基本だといっていいのではないだろうか。というのは、坐とは国語で「すわる」ということだからである。すわるというのは、この花瓶はすわりがいいとか、あの人は肝《はら》がすわっているとかいうように、安定した状態を示す言葉である。だから、すわるといえば人間が膝を折り曲げて坐すること、とばかりは限らない。すべて物事がその本来の在るべきところに安定していることを指しているのである。人間が行為をするにも、もちろん安定するところがなければいけないだろう。不安定のまま動揺しながらの行為は、人間の行為としてほめられるべきものではあるまい。停止しているのに動揺したのでは、これまた停止にはならない。寝るのにも安定した安らぎがなければ、寝たことにならないであろう。

このように行・住・坐・臥ともに安定することが不可欠だとすれば、中でも坐ることが四威儀の基本をなすものだといっても、あえて不当ではないとおもう。

私の友人に剣道の達人がいるが、かれは終戦まで召集されて軍隊にいたし、帰ってからの戦後社会はとても剣道のやれるような状態ではなかった。何年かのブランクがあってのち、竹刀競技という名のもとに剣道に似たものが行えるようになったとき、むかしの剣道家仲間が集ってひそかに本格的の稽古をしたそうである。立合ってみるとむかしの仲間は、どうみてもみんな二三段は腕が落ちていたという。ところが、かれは自分はそう落ちていなかった、むしろむかしよりは却って自由な稽古ができた、といっていた。そしてその原因は、復員後の朝夕の坐禅にあるのではないかとおもう、と語っていた。正身端坐することによって、腰がすわったことが進退を自由にした、というのである。

編集部から本稿には、「自身を中心として、心の遍歴等を披瀝」せよという命令があるので、自分のことも申し上げよう。私は青年の頃から坐に励んできたが、なかなかおもうようには坐れない。そんなあるとき、私の剣道の稽古ぶりを点検にきた大先輩——その人は武道家であり、禅も印可をもった老居士だったが、私と私のライバルを比較して、こういわれたことがある。

「某君は鋭くて、なかなかいい稽古をするが、どうも腰の安定を欠いている。それに比べると君の方は腰がすわっている。これは君が坐禅をしているからだろうな。馬に乗っても腰がすわっておらんと、危なっかしいものだ」

坐りはじめて何年になるか、まだ見性も出来ない私の坐禅は、こうして飛んでもないところでその功を認められたのである。私が今日、四威儀の基本は坐ではないか、と考えるのはこういうところからである。

新陰流（俗に柳生流）の極意に「西江水」という訓えがある。これはもと禅の公案から取った名であるが、新陰流ではこれを下腹部と、その真裏に当る腰の辺に気合を充実させ、それが全身にみなぎるように拡散し、さらに全宇宙をも自分の体とするような身勢《しんせい》だと説明している。〝身勢〟というのは他流で構えとよぶものと同じだが、構えとなるとややもすれば固定化して自由無礙な流動性を失うというので、新陰流では〝構え〟の名を嫌って身勢と称するのである。一ヵ所に停滞することなく、しかも充実しきった身勢から、敵の動きにつれて自由に転化するのが〝西江水〟だという。これなども腰・腹のすわりが、自由無礙に動く身勢のもとだと考えているわけであろう。

私は若い人々に正身端坐するとき、全身の気力を下丹田《しもたんでん》に集中せよ、しかし力むなと訓えている。それは下丹田という一ヵ所に停滞することではなく、下丹田の気力が同時に全身に漲溢《ちょういつ》していくことでもある。その求心的な集中と、遠心的な拡散との相反する力が、プラス・マイナス、ゼロになって空身を現ずる。それが十方世界、真実人体というものであろうが、そういう意味の空身ほど安定する、すわりのいい体勢はないのである。〝坐〟とは、そういうところを練る基本的体勢だ、とは私の剣道修行から得た坐観である。

二、「坐」は衆とともにある

では、身体さえすわって安定しておれば坐として完全かといえば、プラス・マイナス、ゼロの空身ならもちろんそれだけでよい。けれども世にはそうでない場合が多い。

むかし唐の時代に馬祖道一という禅匠がいた。かれが青年時代に、一所懸命になってセッセと坐禅していると、のちにかれが師と仰ぐに至った南岳懐譲《なんがくえじょう》がブラリとやってきた。

「君は毎日そこで、いったい何をしているのかね」

「仏になろうとおもって、坐禅をしているのです」

すると南岳は、どこからか瓦を拾ってきて、馬祖の坐っている面前でゴシゴシと磨きはじめた。馬祖は妙なことをするわい、とおもって

「瓦を磨いて、何にするのですか」

と、たずねた。

「鏡にしようと思ってね」

「瓦でも磨けば鏡になりますか！」

南岳は、そこで開き直った。

「では、坐禅をすれば、凡夫が仏になれるのかい」

むかしの人は親切なものである。馬祖も〝これは〟とおもって、素直に南岳に教えを請うた。南岳はこのとき、牛車の譬えを引いて、こういったという。

「君が車に乗って道を行くとき、途中で車が動かなくなったら、いったい車輪を叩くかね。それとも車を引いている牛の尻を叩くかね」

若き日の馬祖は、どうやら牛に鞭を当てずに、しきりに車輪を叩いていたようである。坐臥を越えたものである禅を、身体の〝坐〟という一定の形相で捉えようとしていたのではないだろうか。

それは「身、道を行いて心随わず」（修行道地経）というものである。いいかえれば、むかしの禅僧がよく口にした「体は坐っているが、心は屋島、壇の浦」というやつで、一見、石地蔵然として坐ってはいるが、一歩こころの内側をのぞいてみると、そこはおもちゃ箱を引っくり返したような騒ぎである。雑念妄想がむらがり起こって、前念と後念とが戦争をしているような、収拾のつかない有様である。そういう坐では、形式的にはすわっているにちがいないが、「心随わず」こころの方は少しも安定してはいないのである。

それでも体だけでも石地蔵さんのようならまだいい方で、心が混迷してくるとたいていの場合、体の方も自然に古雑巾のようにクタクタになってくるものである。

私の修行した天龍僧堂は、坐相のやかましいところであるが、この接心こそはと始めのうちは凛然《りんぜん》と坐っているが、さて一日たち二日たつとだんだん雲行は怪しくなる。そして居睡りの合間に坐禅している、といった方が適切であるような坐相になってくる。むかし兵隊さんが行軍のときなど、疲れ果てて歩きながら睡っていたというが、私どもは眼を開きながら坐睡しているのである。眼の前にチラッと足が見える。ハハァ警策が廻ってきたな、と注意しながら長い長い十年分もあるような夢を見ている。トタンにパチッと肩口を叩かれる。こういうときには、必ず姿勢がくずれている。心身は相関であるから、姿勢を凛然とすることによって、心を奮い立たすこともできれば、心を凛然と張ることによって姿勢を正すこともできるのである。こんな初歩的なことも、実感としては何年か坐を経験して、なるほどと肯《うなず》かれるのである。

『坐禅儀』に「まさに大悲心を起し、弘誓願《ぐせいがん》を発し、精《くわ》しく三昧を修し、誓って衆を度し、一身のために独り解脱を求めず」とあるのが坐相を正す根本動力だとはお恥しい次第だが十年ほど前にやっと判った。

三、無心・自由の「坐」

むかし、お釈迦さまの弟子で智恵第一といわれた舎利弗《しゃりほつ》が、林の中で独り静かに坐禅をしていた。そこへ維摩《ゆいま》居士が通りかかって、その状を見ると、

「舎利弗よ、必ずしもかく坐するをもって宴坐となさざれ」

と、注意したことがある。

宴坐とは、安らかに坐るという意味であるが、維摩居士はそのときに安らかに坐るとは、と次のように諭《さと》している。

「そのように静かに黙りこくって坐っているばかりが、宴坐なのではない。どんな環境の中にあっても、取捨選択の差別の我見を起さないのが宴坐というものだ。ソヨとも風の吹かないような至って静かな心を失わないで、目の廻るような忙しさの中でも平気で仕事のできるのが、ほんとうの坐というものだ。また悟りと迷いの二つを越えて、悟りの世界にも、迷の世界にも、どちらにも自由自在に働けるのが宴坐だ」

こうたしなめたと『維摩経』に記されている。

動と静とを差別的にみて動を避けて静を求めたり、坐と行とを別ものとして行を離れて坐があると考えるのは、維摩居士にいわせれば不二の法門における〝坐〟ではない。ずっと後世のこと、中国禅の確立者ともいうべき達磨から六代目の慧能禅師も、「外、一切善悪の境界に向って心念を起こさざるを名づけて坐となす」といっている。こうなると坐も、かなり身体的な形相を離れた精神的なものになってくる。

人間というものは快適な居心地のよい環境だと、「これはいいわい。ここに暫らく居てやろう」ということになる。そして本来居るべきところでもないのに、つい執着して尻をすえてしまう。そうかとおもうと不愉快なところだと、「これは堪らん」とばかり、当然居なければならないところでも、さっさと逃げ出してしまう。そのように環境に左右されて、好んだり嫌ったりする念慮を起こすのは、決して〝坐〟とはいえない。それは環境のために引きずり廻され、心が動揺し主体性を失っているからそうなるのである。

そうではなく、来れば迎えてそれに快く接し、去ればアッサリと見送って少しも心の停滞しないのが坐だと、六祖はいうのである。どんな環境に処しても、毛さきほども対立の念を起こさず、少しも動揺のない安定した心境であるならば、たとえ身体は多忙のため汗にまみれて七顚八倒していようと、本質においては立派な坐だといってよい。

この維摩居士や六祖禅師の訓えは、若いときから何べん聞かされたか判らない。しかし、坐の力がないというのは致し方ないものである。馬耳東風《ばじとうふう》で、せいぜい「そんなものかなあ」と、右の耳から左の耳へぬけて通るだけであった。それが本当に分ったのは、ほんのこの頃である。理解と体得とは、こうもちがうものだろうか。体にせよ、心にせよ、そんなものがあって坐を行ずるのでは、坐と坐するものと二つあることになる。全心身を打ちこんで坐三昧になりきって、坐が坐を脱却する無心自由の坐、この頃ようやくそういう味わいが分ってきた。

知識も学問もなく、いわば禅界浪人の私が、波瀾の難関を凌いでこられたのは、ただ一つまじめに坐ってきた坐の力だとつねに感謝し、人にも勧めている次第である。

（昭和四四年三月号『大法輪』特集「道の記録」より転載）

［著者略歴］

大森　曹玄（おおもり・そうげん）

明治 37 年　山梨県に生まれる。
大正 12 年　日本大学修。
大正 14 年　京都天龍寺・関精拙老師に参学。
昭和 9 年　直心道場を創立。終戦の年まで剣道を教授する。
昭和 21 年　天龍寺管長、関牧翁老師に得度を受け、僧籍に入る。
昭和 23 年　東京高歩院住職。
昭和 53 年　花園大学学長。
鉄舟会師家。
平成 6 年遷化。

〈著書〉
『臨済録講話』『剣と禅』『参禅入門』『禅の高僧』『毒語注心経』
『山岡鉄舟』『書と禅』『十牛図』『碧巌録』などがある。

本書は、1983 年に刊行された講談社現代新書に、
「坐」の道（1969 年 3 月号「大法輪」掲載）を加えたものです。

＊ 83 頁「十牛図」は、「観想十牛図」（横山紘一 蔵）を原案として作成しました。

禅の発想

2018 年 10 月 10 日　初版第 1 刷発行

著　　者　大森曹玄
発 行 者　石原大道
印刷・製本　亜細亜印刷株式会社
発 行 所　有限会社大法輪閣
東京都渋谷区東 2-5-36 大泉ビル 2F
TEL（03）5466-1401（代表）
振替　00160-9-487196 番

ISBN978-4-8046-1409-0　C0015